日本が心配

養老孟司
Yoro Takeshi

PHP新書

まえがき

数年前に『子どもが心配』（ＰＨＰ新書）を出したが、今回は『日本が心配』である。最初は「地震が心配」という仮題だったが、心配なのは地震自体ではなく、地震後の日本社会に決まっているから『日本が心配』というタイトルがより適切であろう。米寿を迎えた爺さんが、いまさら社会の将来を心配しても始まらないとも思うが、実際に心配なんだから仕方がない。

本書では来るべき南海トラフ地震について、各分野の四人の専門家と対談をし、地震が起こった時、さらには起こった後がどうなるかを考えた。対談相手の四人は、それぞれの分野で実証的に論を進める点で信頼が置ける方たちであるから、地震の到来について語ったからといって、いたずらに世間を騒がせるようなことにはなるまいと信じられる人選をしたつもりである。私自身は地震後の日本社会の設計をどうするべきか、それを考えたかったが、どうしても地震そのものに話題が寄ってしまうのは避けられなかった。

南海トラフ地震はまだ起こっていない天災なので、多くの読者がそれぞれご自分の具体的な事情のうえで想像力を十分に働かせて、天災後の日本社会を考えながらお読みくだされぱと思う。対談の内容それ自体は、読者が考える際のヒントになってくれればいいので、何かの解答を出すようなものではない。読んでいただければ、その内容からさまざまなことを想像し、考えることができると思う。本書のゲラを読みながら、私自身も再度あれこれ考えてしまうことがあった。

天災と日本という主題を考える時に、縁が遠いようだが、どうしても触れざるを得ないのは鴨長明《かものちょうめい》と『方丈記』である。長明が生きた時代は、平安までの貴族政治が壊れて、鎌倉に初めて武家の政権が成立するころだが、驚くべきことに長明はそうした人の世の変転にはほぼまったく触れていない。意図的ではないにせよ、そこは『平家物語』にすっかり預けられている。

『方丈記』を災害文学と呼ぶ人もある。確かに大きな災害があると、文学者はしばしば『方丈記』に関心を向けてきた。近くは東北の大震災後に玄侑宗久《げんゆうそうきゅう》の著作があり、ほかに現代語訳もいくつか出版された。先の大戦後には堀田善衞《ほったよしえ》『方丈記私記』があり、私自身も大きな影響を受けた。

『平家物語』はひたすら人の世を描き、遠く異朝まで訪ねて「秦の趙高《ちょうこう》、漢の王莽《おうもう》、梁の朱异《しゅい》、唐の禄山《ろくさん》」と中国史を学ばない学生にはまったく意味不明なことまで言及する。長明はと言えば、「行く川の流れ」と「流れに浮かぶうたかた」である。私はこれはそれぞれの著者たちの「現実感の違い」と捉えている。こうした「現実感」についてはすでに『バカの壁』で言及したが、いまだに世間の常識にはなっていないと思う。ともあれ『方丈記』は本書が第一に挙げるべき参考文献であろう。

養老孟司

目次

第一章

2038年、南海トラフ地震が起こる

尾池和夫×養老孟司

第二章

被災のシミュレーションと復興ビジョン

廣井 悠×養老孟司

第三章

巨大地震後の日本経済

デービッド・アトキンソン×養老孟司

第四章

復興後、自然環境はどう変化するのか

永幡嘉之×養老孟司

第一章

2038年、南海トラフ地震が起こる

尾池和夫×養老孟司

OIKE Kazuo ／ YORO Takeshi

【尾池和夫　おいけ・かずお】　京都大学名誉教授。地球科学者。専門は地震学。京都大学博士（理学）。一九四〇年東京生まれ、高知育ち。六三年、京都大学理学部地球物理学科を卒業。八八年理学部教授。京都大学第二四代総長、京都芸術大学学長、静岡県立大学学長を務めた。地震学会委員長、日本ジオパーク委員会委員長、政府の東京電力株式会社福島第一原子力発電所における事故調査・検証委員会委員などを歴任。著書に『日本列島の巨大地震』（岩波科学ライブラリー）、『２０３８年南海トラフの巨大地震』（マニュアルハウス）など。氷室俳句会を主宰、句集に『大地』（角川書店）、『瓢鮎図』（角川文化振興財団）など。

高知の縁

養老　尾池先生はかねて「二〇三八年ごろに南海トラフの巨大地震が起こる」と明言されています。大変な衝撃でした。ご著書を拝読し、その後の日本にかなりの危機感を覚えています。

そこへきて二〇二四年は元日早々、能登が大きな地震に見舞われました。八月には南海トラフ地震の想定震源域にある日向灘《ひゅうがなだ》でも。何かと不安になることばかりです。

尾池　能登については、一九九〇年に「石川県にも大きな地震を起こす活断層があると知ってもらう」ことを目的に石川県で講演をしたことがあります。その三年後の一九九三年に、現実に能登半島沖でマグニチュード（以下M）6・6の地震が発生しました。

数多くの取材を受けたなかで、時事通信に掲載されたコメントが、一番いい記事でした。「京大理学部の尾池和夫教授（地震学）によると、日本列島周辺では、太平洋プレートが東北地方を東から西に、フィリピン海プレートが中部地方を南から北に、それぞれ押し出しており、能登半島はその二つの力がちょうどぶつかり合う地域。『海底にできた活断層での地震発生は不思議ではなく、突拍子もない場所に起きたものではない』という」。これは二〇二四年の地震にも通じることです。

能登ではまた、二〇〇七年三月二五日にM６・９の地震があって以来、一連の地震群が発生していました。中規模の地震が頻繁に発生するときは、やがて大規模な地震の起こることが多いんですよ。いわば地震学の常識です。

養老　そういったお話をしていただきたいこともあって、二年ほど前でしたか、高知工科大学のシンポジウムで基調講演をしていただいて。

尾池　香美《かみ》キャンパスに場所を借りて開催されたイベントですね。

養老　ええ、私が委員長を務めるケンモリ（ＮＰＯ法人・日本に健全な森をつくり直す委員会）のイベントでした。テーマが「地震のことは怖がらないで勉強しよう！」。尾池先生の育った高知は、南海トラフが起きたら甚大な被害が想定されている地域ですし、地震のことをもっといろいろ勉強しなくては、という思いがあってのことです。

高知の防災対策は進んでいるんでしょうか。

尾池　必死に取り組んでいますが、お金の問題もありますし、なかなか進みません。遅れているから必死になっている、とも言えますね。

前知事の尾﨑正直さんは、初めてお会いした当初、高知の最大の特徴である中山間地域のことをあまり知らなくてね、「木造の家って、木がその土地で成長した高さまでつくれるんですよ」なんて話をしたら、津波対策になると思ってか、えらい喜んでました。非常に勉強熱心な方で、私のシンポジウムにも朝から晩まで参加してくれました。その話をしたら、現知事の濵田省司《はまだせいじ》さんも「私も行きます！」と勢いこんで、その後のシンポジウムに参加されました。防災に熱意をもって取り組むのは、知事として最も重要なことだと認識されていると思います。

数年前には、政府から「日本最大級、三四メートルの津波が来る」と想定された黒潮町で、六基の津波避難タワーが建設されています。高さ二五メートルの鉄塔です。「避難場所ができました」って言うけど、その前の海岸沿いに、大昔から機能している防潮林があるんですよ。笑い話の一つにさせていただいてますが。

養老　津波が五分とかで来ちゃうと、指定の避難場所に行けないから、急場しのぎに建てたんでしょうけど。

尾池　とても老人には上れないようなはしごがついてますよ。

養老　ケンモリのイベントでもそうでしたが、尾池先生のお話はいつもおもしろい。今日も私は主に聞き手に回らせていただいて、南海トラフを含む地震のことを教えてもらおうと思います。

まず「地球を知る」ことが大切

尾池　講演などではいつも冒頭で、「地震と震災は違うんですよ」という話をします。地震は自然現象で、震災は社会現象。だから地震という自然現象のことをよく知って、発生しうる震災という社会現象を予測し、備える必要がある、ということです。

地震はなぜ起きるのか、それによってどんな自然災害がもたらされるのか。基本的なことを勉強しておけば、心構えができます。ある程度は被害の予測ができるし、それに対してどんな備えが必要で、どんな対応が可能かも見えてきます。

養老　大地震についてはさまざまな情報が氾濫していますから、「常識」を知っておいたほうがいいですね。

尾池　まず知っておいてほしいのは、地球のなりたちと地震の関係です。

一九〇一年から二〇二三年の間に地球上で起きた、M7・8以上の浅い地震の分布図

（図1‐1）を見ていただくと、黒い丸が、ベタッと広がっている分布と、線のようになる分布がありますね？

養老　M7・8というと、関東大震災くらいですか。

尾池　だいたい関東大震災くらいの巨大地震ですね。もっと小さい地震分布の図を見て細い線になる分布は、プレートとプレートが引っ張り合いをして、離れていくところなんです。巨大地震はこういうプレート境界の集まってくるところにしか起こらないんです。

プレートというのは、地球の表面を覆っている、堅い岩盤の板のことです。厚さが数十キロメートルから二〇〇キロメートルの岩石でできた層になっていて、十数枚あります。それらのプレートは、地球の内部で対流しているマントルに乗っかって、少しずつ動いています。年に数センチから十数センチの速さで、水平方向に移動しているんです。

それで動いているプレート同士がぶつかったり、片方のプレートがもう一方のプレートの下に沈み込んだり。そんなふうにプレートが押し合いへし合いをすると、広い範囲に力が働いて、浅い地震が数多く起こります。それが、地震の起こる仕組みの一つです。

養老　日本は塗りつぶされてしまうくらい、丸が広がっています。十数枚のプレートの

図1-1. 世界の浅い大地震
1901 1/1 0:00―2024 8/31 23:59

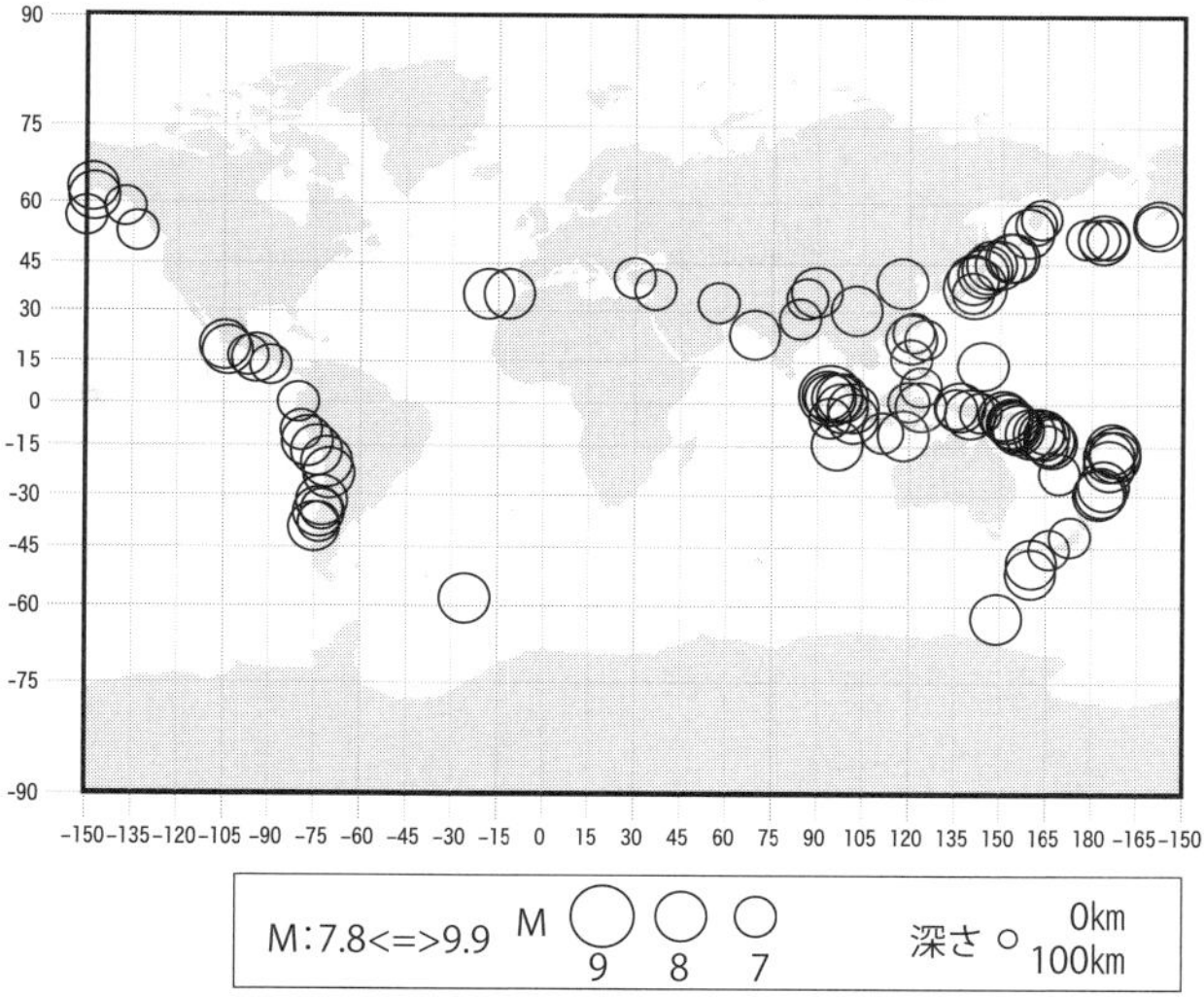

うち四枚が日本近辺に集まっているからですね。

尾池　北に東北日本を乗せた北米プレート、東に南太平洋からはるばる移動してきて東北日本に出会った太平洋プレート、南に西南日本の南にあるフィリピン海プレート、西に西南日本の東の端が乗っかったユーラシアプレート。そもそも日本列島というのは、これら四つのプレートが互いに押し合いながら集まってくる運動によって出来上がったわけです。

世界の分布図を見ると、ヨー

写真1-1. むき出しの岩盤が見られる
ヘルシンキの空港

撮影：尾池和夫

ロッパやアフリカ、南北アメリカ、オーストラリアには、日本と対照的に、黒い丸がほとんどなくて白い地域があるでしょう？　プレートの押し合う力が働かないから地震が起きず、安定大陸になっているんです。

そういうところは景色が真っ平ら。たとえば北欧、フィンランドのヘルシンキの空港では、むき出しの岩盤が見られます（写真1-1）。関東平野みたいな土の平野ではなく、岩盤の平野なんです。ムーミンの暮らす森と湖の国は、岩盤でできているんですね。

スウェーデンのストックホルムもそう。岩盤だらけです。ノーベル賞がここで誕生したのも納得できます。道を造ったり、トンネルを掘ったりするとき、ノーベルが発明したダイナマイトがないと岩盤を破砕することができませんから。

養老　安定大陸はノーベル賞の生みの親というわけですね。

尾池　南半球にいくと、オーストラリアのシドニーが岩盤ばかりのところ。「The Rocks」

図1-2. 日本三大急流河川

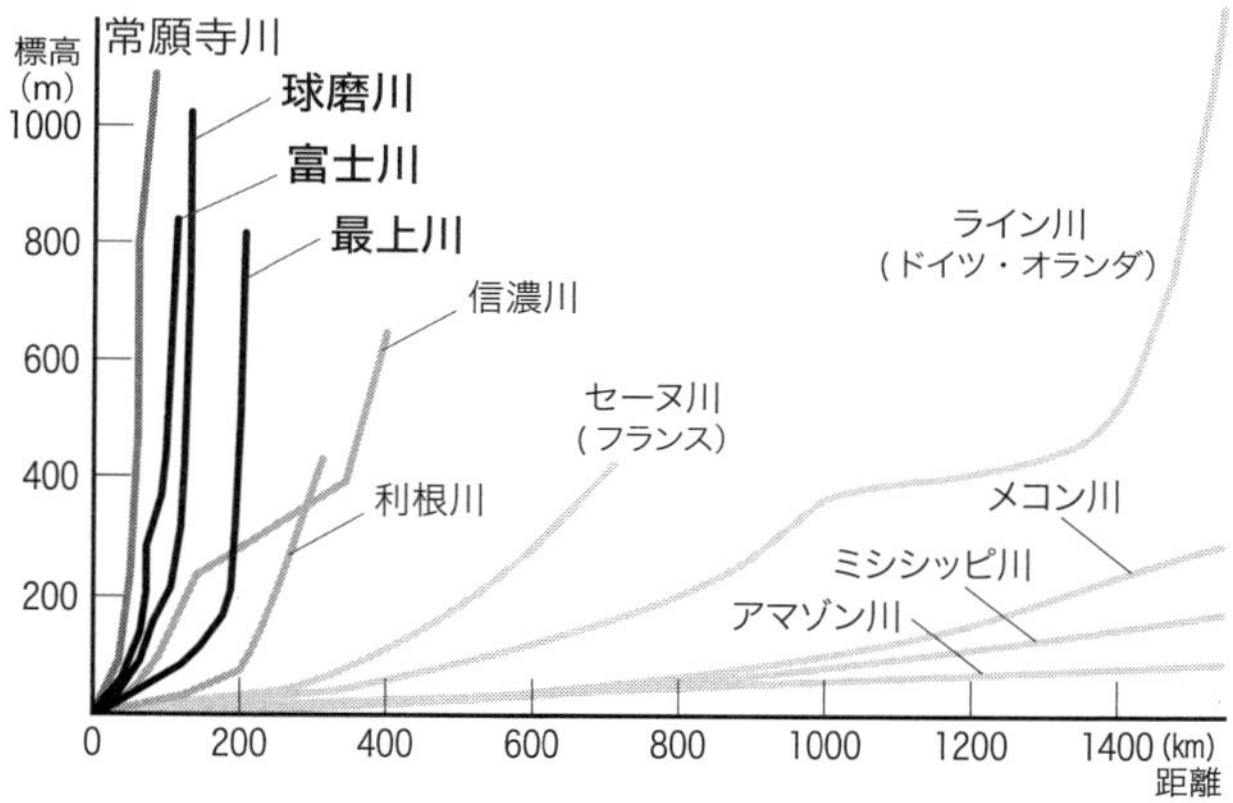

球磨川、富士川、最上川は「日本三大急流」と呼ばれている
参考資料：髙橋裕『新版　河川工学』東京大学出版会、2008年、P287

なんて地名にもなっています。

それとヨーロッパのような安定大陸は、川の流れに特徴があります。フランスのセーヌ川とか、ドイツ・オランダのライン川、アメリカのミシシッピ川、ブラジルのアマゾン川など、実にゆったりと流れています。

それに比べると、地震大国・日本は急流が多い。富山の常願寺川、熊本の球磨川、長野・山梨・静岡を流れる富士川、山形の最上川など、高低差が非常に大きい。図1-2を見ると、それが一目瞭然です。

おもしろいのはね、川が出汁《だし》の文化をつくることです。急流は岩盤を削って溶かす時間がないので、あまりミネラルを含まない軟水になります。これが昆布《こんぶ》と鰹《かつお》の出汁を取るのに適しているんですね。

一方、ゆったりした流れは、豊富なミネラルをじっくり溶かし込みながら流れるため、硬水になる。動物の骨と肉を煮てブイヨンにするのに最適、というわけです。

プレートは火山とも関係があります。たとえば海側のプレートが陸側のプレートにもぐりこむような動きをした場合、もぐりこんだ場所にはマグマが生まれます。その一〇〇キロメートルほどの深いところでは、海のプレートから水が出て、マントルの上部が溶けて、マグマをつくります。

そのマグマが上昇して地表に近いところに溜まり、マグマ溜まりをつくります。圧力が高まったりして、マグマが岩の割れ目などを通り、一気に噴出する。これが噴火です。

逆に言えば、列をなす活火山の下、約一〇〇キロメートルの地点には、海のプレートが潜り込んできている、ということになります。

地球はいま、寒冷期に向かっている？

尾池　さらに、地球を知るうえで大事なのは、南極大陸が地球の一番南、地軸の通るところにあって、動かないことです。

南極の周りを浅い中規模地震の細いベルトが取り巻いています。これは南極プレートからほかのプレートが離れていく境界です。

このプレート運動によって多くの大陸は北半球に集まってしまいました。当然、南半球は海が大きくなります。加えて地球は二三・五度傾いて自転していることで、氷河時代が到来したのです。

どういうことか、もう少し詳しく説明しましょう。地球で寒い「氷期」と暖かい「間氷期」が繰り返されるのは、大陸が北半球に集まっていることと地球の公転と自転が関係していると考えられています。

地球が太陽の周りを一年かけて回る公転の軌道は楕円形です。一方、地球は傾いて自転しています。大陸の集まった北半球で太陽エネルギーが少なくなると、地球は氷期に移行するのです。逆だと間氷期です。これがくり返される時代を氷河時代といいます。

七千万年前くらいは大陸も北半球と南半球で、だいたい均等にありました。氷期よりずっと前のこの時代は氷河時代にならないのです。だから豊かな自然に恵まれ、恐竜な

図1-3. 氷期と間氷期

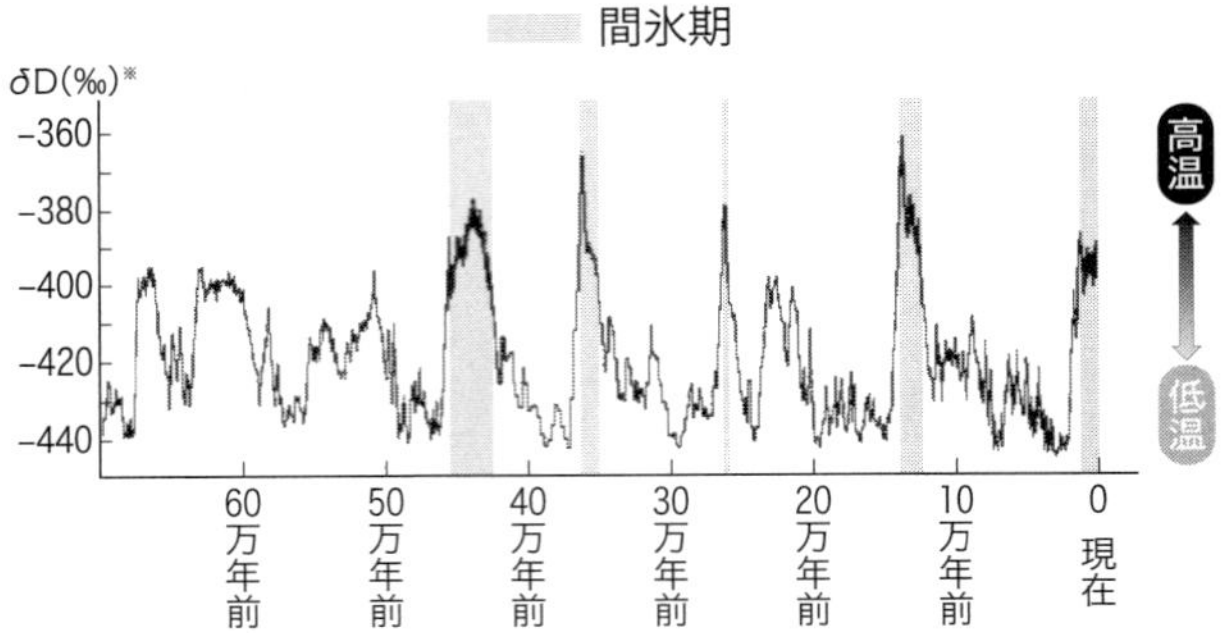

※南極の氷の中の重水素変動（局地的気温の代替）IPCC 第4次評価報告書を基に作成
出所：ウェザーニュース　https://weathernews.jp/s/topics/202311/300115/

んかも繁栄したのでしょう。

私たちはいま、地球の第四紀にいるのですが、この時代は氷河時代です。大陸が北半球に偏在するようになったために氷河時代になったと考えられていますが、仕組みはまだよくわかっていません。だいたい十万年で気温が変化し、氷河群が拡大する氷期と温暖になる間氷期を繰り返しています（図1－3）。現在の地球は最終氷期が八千年以上前に終わったところです。その後、人類は農業を発展させました。地形にも影響が見られ、たとえば、スカンディナヴィア地方には氷河によるフィヨルドがあります。重い氷床が解けた後、半島が隆起しています。これからまた地球は寒冷化すると予測されています。

活断層とは何か

――地震が起きるのは、プレート境界型だけではありませんね。阪神・淡路大震災のような直下型地震があります。こちらは陸地の地下で、活断層のズレにより発生する地震と理解しています。

まず、活断層とは何か、というところから、解説をお願いしたく思います。

尾池　活断層型地震というのは、プレート内部での断層運動により発生する地震のことです。プレートとプレートの押し合いで岩盤には常に力が加わっています。押されたり、引っ張られたりして、そのストレスが地層や岩石の広い範囲にたまると、十数キロメートルの深さから割れ始める。地層がズレるんです。この状態が「断層」です。

で、割れた破壊面が何十キロメートル、まれには一〇〇キロメートル以上も成長すると、M7以上の大地震を起こす場合があります。また、この破壊面が地上に顔を出して、地表にもズレを起こすこともあります。「地震断層」と呼ばれるものです。

養老　地震が起きた後はどうなりますか？

尾池　岩盤の破壊面は地震後から再びストレスをためていきますが、何百年、何千年かすると、また同じような大破壊が起こります。それにともなって地表の断層も動くんですが、それを繰り返した地表の傷跡を「活断層」と呼んでいます。

つまり地表に見える活断層は、かつてM7クラスの地震がその下で起こったことを示す傷跡なんです。

話を戻すと、だからたとえば二千年くらい動いていない活断層の地質調査をして、二千年前と四千年前に大きな地震が起こった痕跡が認められれば、「そろそろ次、起こるな」とわかります。「そろそろ」と言っても、百年単位の話ですけどね。

――海外だと、どこが「そろそろ大地震が起こりそう」ですか?

尾池　中国・タクラマカン砂漠の東端にある敦煌《とんこう》なんかは、大変ですね。ここはシルクロードを行き交う交易で栄えた都市ですが、そもそもシルクロードって、地震でできた亀裂なんです。亀裂が強烈に走ると、シルクロードのような道になるという。

砂漠では地震が起こると、地下およそ一五キロメートルあたりから割れる。その下が破砕帯（断層運動にともなって砕かれた岩石が帯状に分布しているところ）になっていて、そこから水がしみ出てきて、いわゆる「砂漠のオアシス」ができます。

そのオアシスを結んでシルクロードができるので、シルクロードは自動的に活断層に沿って延びるんです。

敦煌に行くとね、シルクロードという名の活断層がまっすぐに延びていて、南方には三〇〇〇～五〇〇〇メートル級の山々が連なる青海チベット高原が広がっています。また西方は、タクラマカン砂漠の低湿地帯になっています。

こういう地形ならではのおもしろい現象がありましてね、砂漠でものすごく暑いので上昇気流ができる。そこへ南から冷たい空気が流れ込む。そうして青海チベット高原から敦煌へ、いつも冷たい風が吹き下ろしてくる。中国の人が「ここでは四百日、風が吹いています」と言ってるくらいです。一年に四百日吹く、と。近年は、この風を資源として活用し、風力発電を行っています。ものすごい数の風車が並んでいますよ。

あと、青海チベット高原から溝を掘って水を流し、ブドウの栽培を始めています。いまや世界一のブドウの生産地になって、名物になっています。

養老　敦煌と聞くと、仏教遺跡をイメージしますが、ずいぶん変わってきたんですね。

尾池　そう、仏教遺跡が「もうすぐ地震が起こりそうだ」と、大変な騒ぎになっています。崖《がけ》に穴を掘って仏さんを置いてるでしょう？　そのたくさんの石窟群が世界遺産になっているから、地震で壊れないように備えなくてはいけません。東のほうにある「楡《ゆ》林窟《りんくつ》」は、前に地震の被害を受けたことがあって、よけいに心配です。

私も敦煌の研究者から相談されて、「全体を免震装置に載せたらどうですか」と提案しました。以前、京都大学の時計台を百年もたそうと、下に免震装置を入れたことを思い出したんです。「そういう仕掛けができるから、敦煌もやってみたら?」と。彼は「さすがにそこまではできません」って言ってましたけどね。

フィリピンの「地震前・地震後」の写真

尾池 話を戻すと、活断層の動きに注目すれば、地震が起こりそうな場所がわかります。それで以前、マニラでの学術会議でフィリピンの地震の可能性を警告したら、その二週間後に本当に地震が来たことがありました。

一九九〇年七月に起きた、フィリピン・ルソン島の地震でのことです。この地震が起こる一カ月ほど前に、マニラで環太平洋地域から学者が集まって会議が開かれていたんです。その席で私は「フィリピン断層は地震を起こす断層だから、フィリピンと日本が共同で調べなければならない」と提案しました。会議後に広島大学（当時）の中田高《たかし》さんが調査に行き、「ここは動くね」と予測できるところを片っ端から写真に収めました。

その一つが、橋の写真（28ページ写真1−2）。中田さんが「この橋、断層に引っ張られて落ちるよ」と撮っておいたら、二週間後に地震が起こり、予測通りに落ちたんです。

もう一組の中田さんの写真（29ページ写真1−3）も見てください。フィリピン断層から一〇〇メートルくらい離れたプンカン村の公園に建つ教会の写真です。この辺りは地震が起きると液状化する地盤なので、公園にしてあるんですね。砂と水を含むところでは、地層が液体のようになっていて、地震動が大きいと地上に噴出するんです。当然、その上にある建物は崩れやすい。

それなのにこの教会は、石を積んでつくっただけの建物でした。スペイン人は地震を知らないために、こんな地震に弱い建物を建てたのでしょう。案の定、地震でガラガラと倒壊しました。

けれども一方で、フィリピンの独立の英雄、リサールの像は、地震を知っているフィリピン人がつくった像だから、びくともしませんでした。

この場所の地震前と後の写真を見比べると、地震の爪痕《つめあと》がよくわかります。教会はな

写真1-2. フィリピン・ルソン島の橋が地震で
崩れる前(上)と崩れた後(下)

撮影:中田高

写真1-3. フィリピン・プンカン村の教会が地震で
崩れる前(上)と崩れた後(下)

撮影：中田高

くなり、広場で遊んでいた子どもたちはいなくなり、手前のバスケットゴールはひっくり返りました。後ろの山は崖崩れを起こし、岩が剝がれたようになっています。そんな風景のなかで、際立っているのはリサールの像と、余震は続いていてももう大きな地震はこないとわかってのんびりしている山羊《やぎ》なんですね。

こうやって地震前と地震後の写真を撮っておくと、学術的な写真集を編むことも可能なんです。

養老　この写真はまさに一目瞭然ですね。地震前・地震後の写真集、見てみたいものです。

尾池　そろそろ大きな地震が起こりそうなところの写真をたくさん撮っておけば、どれかが当たります。

引っ越すなら神戸

——日本でも、そんなふうに地震を予測されたことはありますか？

尾池　二〇〇〇年十月六日に発生した鳥取県西部地震でしょうか。一九九五年の阪神・

淡路大震災の後に鳥取県で有識者会議があって、「鳥取県は西部が危ないですよ」と発言したら、数年後に現実のことになりました。

あのときは私のホームページでも「すでに東部は一九四三年に鳥取地震が起きて、まだ五十年ほどだから大丈夫ですが、西部は病院などの建物を補強しておいたほうがいい」と警告を発しました。それを二〇〇〇年の地震のときに、フジテレビが見つけて報道したものですから、大勢の人が一斉に私のホームページを検索してね。サーバーが走り出したんです。

「ああ、インターネットの時代になったな」と実感したことを覚えています。

養老　活断層運動による地震は、いつごろ大きな地震が起きたかがはっきりしていると、ある程度の予測ができるんですね。

尾池　そうなんですが、人間って逆を考えたがるところがありましてね。もう六十年も前の話ですが、原子力発電所を造る候補地を決めるのに際して、地震の起こったところは怖いからと、わざわざ「日本の有史以来、千五百年以上、大きな地震の起きていない地域」を選んだんですよ。

もしその下に活断層があったら、本当は「千五百年以上動いていないのは危険だ」と判断しなくてはいけないのに。いまはもっと理解が進んでいて、それだけに原発を置いてから、下に活断層が見つかると、「これはヤバい」と。そういうことを繰り返していますね。

その意味では、阪神・淡路大震災を経た神戸は、いま世界一安全な街、と言っていい。神戸の市長にも兵庫県の知事にも「だからどんどん企業を誘致せえ」とすすめているんですが、「こんな怖いところにどうして?って騒がれるから、それは言えません」と及び腰でした。

それでは何のために地震を経験したのかわからない。もったいない話です。

養老　私も「引っ越すなら神戸がいい」と言ってます。

尾池　そうでしょう?　わかる人はわかってくれる。

当時、衆議院議長を務めていた土井たか子さんなんか、一発でわかった。「これは言わなきゃ」って神戸に飛んで帰って、住民たちに「神戸は世界一安全な街になったよ」とかアピールしてくれました。

こんなこともありました。阪神・淡路大震災の前の年（一九九四年）に、東京に本社のある株式会社ピアの社長さんが、「神戸にバックアップのビルを建てたい」と言うのを聞いて、そのとき「神戸は地下に活断層があって、そろそろ地震が起こりそうだからダメですよ」とアドバイスしたんです。

　その彼は呑みこみが早く、震災の直後に、「あの話をもう一度、東京でしてください」と電話してきましたね、「もうええよ。どうぞバックアップのビル、つくってください」と言ったら、喜んでました。

断層の履歴書

養老　お話を聞くにつけ、活断層には地震の歴史が刻まれていると感じます。
尾池　ええ、活断層を調査する一方で、古文書に残る地震の記述を調べ、両者を照合すると「断層の履歴書」が書けます。地震の規模と被害の分布がだいたいわかるんです。
養老　とはいえ日本には、たくさんの活断層があるから、調査も大変ですね。
尾池　一五〇〇本以上あるとも言われていますが、この数にはあまり意味はありません。調べた人が短い断層にも一本ずつ名前をつけますから、調べれば調べるほど増えるんです。ただそれぞれが単独で地震を起こすのではなく、数キロメートルから一〇〇キロメートル以上の範囲にあるいくつかの断層をつないだ一つの活断層系が、一回の大きな地震で動くことが多いといえます。

たとえば有馬 - 高槻構造線を掘ってみると、室町時代の地層がズレていて、江戸時代の地層はズレていない、といったことがわかります。

一方、古文書をひもとくと、一五八六年一月十八日に飛騨・美濃から尾張にかけての地域に大地震があったと記録されています。さらに十年後の一五九六年九月五日も大地震が発生し、豊臣秀吉がつくった伏見城が大破しました。

この大地震は「慶長伏見地震」と呼ばれ、「城では約六〇〇人が圧死し、堺で六〇〇人余りの死者が出たほか、奈良、大阪、神戸での被害が多かった」などと記録されています。

そこから「慶長伏見地震は有馬—高槻構造線のしわざだな」とわかります。

活断層一つひとつについてこういった調査を行ない、石に至るまで正確に大きさを測り、正確にスケッチしているんですよ。

養老　そういう「断層の履歴書」から、今後起こる地震の予測もできると。

尾池　いよいよ次の地震が迫ってきたなとか、まだまだ先だなといったことがだんだんにわかってくる感じですね。先ほども触れたように、「二千年以上動いていない活断層が一番の候補者になる」という意味で、京阪神地域では和歌山の活断層が危ない。いまにも動きそうな活断層です。

養老　いや、危ないですね。

尾池　危ないです。これで本当に動いたときに、私はまた予言者になるんですよね。

養老　たしかに最近、和歌山はよく小さい地震がある印象です。

尾池　もう前兆が出ている、ということです。地盤の弱い場所もわかっているので、どこが大きく揺れるかなど、活断層が動いた場合の予測もできています。

　もちろんほかの地域についても、次の地震が迫っているところは特定されています。たとえば「熊本は、先の大地震後、日奈久《ひなぐ》断層の南のほうが動きやすくなっているから、近いうちに〝続きの大地震〟が起こる可能性は高い」とか、「糸魚川－静岡構造線活断層、富士川河口断層帯、安芸灘断層帯など、八つの活断層帯で大きな地震の起きる切迫度が高い」など、多くの情報が発信されています。

　こういうところで小さい地震がどんなふうに起きているかを注視しながら、「いよいよ来るかな」なんてことを言うわけです。

中央構造線を境に地層は大きく異なる

尾池　活断層は分布を見ると、中央構造線から南側（外帯）にはなくて、北側（内帯）にたくさんあることがわかります（図1－4）。

内帯と外帯は、岩盤の性質が違うんです。内帯の岩盤はバーンと割れて、神戸の地震のような活断層型の大地震を起こし、外帯はぐにゃっと動くから活断層型の地震は起こらない。でも南海トラフという、海のほうで起こるプレート境界型の地震は発生する、ということです。

このように内帯・外帯ではっきり地震の〝住み分け〟がされているのは、西日本に特徴的なことです。

――四国にも徳島、愛媛を抜けて中央構造線活断層帯が走っていますね。先生は近く徳島で講演されるそうで、徳島のことをちょっと教えてください。徳島の内帯にあたる辺りは、やはり活断層地震が繰り返されてきたことを示す、特徴的な地形が見られるのですか？

図1-4. 中央構造線の南側（外帯）には活断層がない

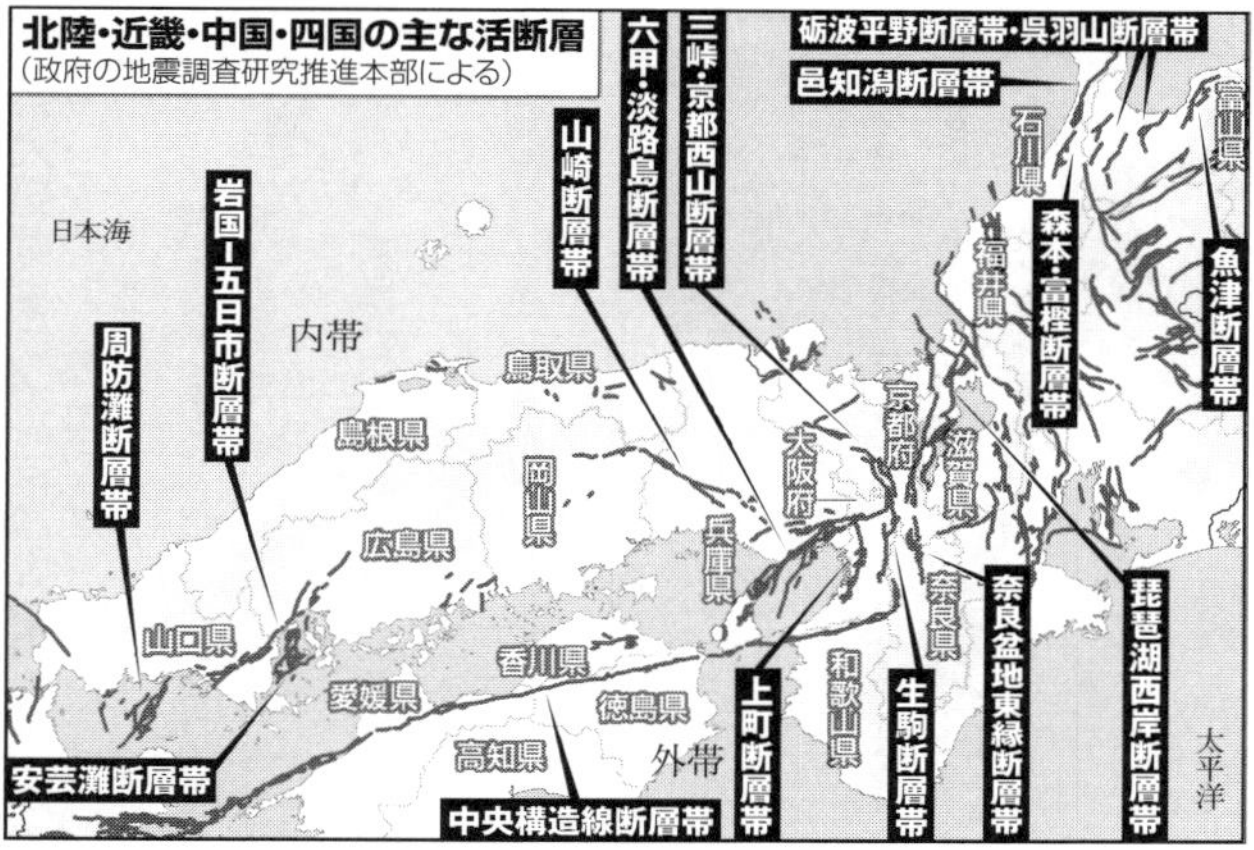

図版提供：朝日新聞社、一部改変

尾池　もちろんです。地質構造が特異でね。「付加体」の縞模様《しまもよう》ができてるんです。「付加体」というのは、海洋プレートが移動して大陸に近づき、海溝で大陸の下に沈み込むときにできる堆積物のことです。

　この付加体ができたのは、大昔のこと。太平洋プレートが島を運んできて、それが全部アジア大陸にくっついた。それがそのまま、日本海が開いていまの位置にやってきたんです。北のほうは古くて堅い岩盤で、南に行くに従って新しい。

　この縞模様の付加体は、南アルプスまで続いています。

長野県大鹿村《おおしかむら》まで。ここには川の洪水で削り取られて、縞模様が集約して見える崖があります。天然記念物クラスですね。ここにリニア中央新幹線のトンネルが出てくるというので、「ちょっとイヤやね」と言ってるんですよ。

この辺でどういう生物がいるか、というのは養老先生の分野の話になりますね。

養老　いや、実際に私、縞模様を縦になぞりながら、虫を捕っているんですが、虫については生態が変わる、みたいなことはいまのところまだわかりません。

尾池　地層によってどんな作物ができるか、という違いはありますね。里芋がおいしいとか。そう言えば北海道・十勝で、いろんな地層にブドウを植えて、どう味が違うかを実験している人がいましたっけ。深さによって、植えるのに適したブドウの種類が変わるそうです。

それはさておき、徳島では二十一世紀に入ってから、バラバラ、バラバラ、小さい地震がしょっちゅう起こっています。内帯の至るところで。

また一九〇一年から四四年十二月六日までの地震の分布図を見ると、次の日に東南海地震が起こる直前までの状態がよくわかります。東南海地震は駿河トラフと南海トラフ沿いを震源域とする地震で、繰り返し発生してきた歴史があります。このときは、南からフィリピン海プレートがぐーっと、もうすぐはずれて大地震になりますよ、というくらい押し込んできている状態。内帯の陸のプレートがギューッと曲げられている。そのとき、陸地に力が働いて、鳥取地震だとか北丹後地震だとか、大きな地震が数多く起きました。

一九四〇～四三年、ポツン、ポツンと、それなりに大きな地震が起こっているんです。

これが長期の前兆現象。地震の活動期に入った、ということです。一九四四年に東南海地震の大きいのと余震が起こると、プレートがボーンとはずれて力が抜け、内陸では何も起こらなくなります。

次は二年後の一九四六年、南海地震が発生します。そうすると西のほうでバラバラと余震が起こって、北のほうはますます緩み、何も起こらなくなる。

つまり「海洋プレートにぐーっと押されて、陸のプレートが曲げられてポンポン地震が起こり、ドンとはずれると、緩んで地震が起こらなくなる」、そういうストーリーです。

一つの大地震では、「前震があって、本震が来て、余震が続く」。大きな地震があると、必ず余震が長く続きます。二〇二四年の能登地震も余震が長く続きました。

南海トラフの巨大地震は二〇三八年ごろに起こる

養老　私は最近、先生が二〇三八年と想定されている南海トラフの地震のことばかり考えています。と言っても、地震そのものがどうこうではなく、起きた後に日本人の日常がどう変化するのか、どうすれば幸福な社会を再構築できるのかなど、後々のことが気にかかるんです。

それはそれとして、まず日本列島が発作のように繰り返す、「百年に一度発生する南海トラフ」の概要から教えてください。なぜ二〇三八年なのか、も含めて。

尾池　では、改めて、南海トラフとは何なのか、ということから。養老先生はとっくにご承知ですが、「基本のき」としておさらいしておきましょう。

南海トラフとは、日本列島が存在している大陸プレート（ユーラシアプレート）の下に、海側のプレート（フィリピン海プレート）が南から沈み込んでいる場所のこと。その沈み込む口が大きな溝、つまりトラフの形になっています。で、海側のプレートは年に数センチのスピードで沈み込むことによって、陸側のプレートを引きずり込んでいく。そのために、陸側のプレートの先端にひずみが蓄積されていきます。やがて陸側のプレートが引きずり込みに耐えられなくなり、限界に達して跳ね上がる。そうして発生するのが南海トラフの地震で、このプロセスを何度も繰り返しています。

幸いと言うべきか、日本は歴史の長い国ですから、南海トラフの地震についても多くの歴史的資料が残されています。とくに関西地域を中心とする西日本——言い換えれば南海トラフの巨大地震により大きな影響を受けてきた地域は、長い間、日本の都が置かれていましたから、歴史が詳しく書き残されているのです。

そういった資料から過去千四百年以上の歴史的事実を概観したところ、南海トラフでは百～二百年の間隔で、蓄積されたひずみを解放する形で、大地震が発生していることが明らかになっています。

最初に現れるのが、六八四年十一月二十六日の白鳳《はくほう》（または天武）地震です。この千数百年前の地震からも、古文書から「同時に東海地震と東南海地震が発生した可能性がある」「伊豆諸島で噴火があって島ができた」などのことが読み取れます。

以後の地震についても、たとえば「八〇〇年代はものすごい地震の活動期で、八八七年に仁和《にんな》地震が発生。その二十年ほど前に富士山の貞観《じょうがん》大噴火があり、青木ヶ原熔岩台地ができた。その三年後に起きた貞観地震は三陸の巨大地震と推定される」など、細かいことがわかります。

こんなふうに私は古文書に出てくる地震を数年がかりで分析し、いまの震度とマグニチュードに換算してデータベース化しました。

養老 図を見ると（図1－5）、南海トラフ地震が六〇〇年代からずっと、規則的に起こっているとよくわかりますね。

尾池 一三六一年の正平《しょうへい》東海・南海地震からこっち、南海トラフの大地震は都合六回、平均百十七年の時間間隔で発生しています。そこから単純計算で、次の南海トラフの大地震は「一九四六年＋百十七年＝約二〇六〇年」という予測が成り立つわけです。

養老 あと約三十五年ですか。それだと、先生が予測されている二〇三八年より、二十年ほど先ですね。

尾池 ええ、百十七年というのはあくまでもここ六百六十年の平均値で、現実にはそう単純なものではありません。一六〇五年の慶長地震を同列にカウントしなければ、平均値はもっと長く百四十六年になりますしね。

図1-5. 南海トラフ周辺のM8クラスの地震

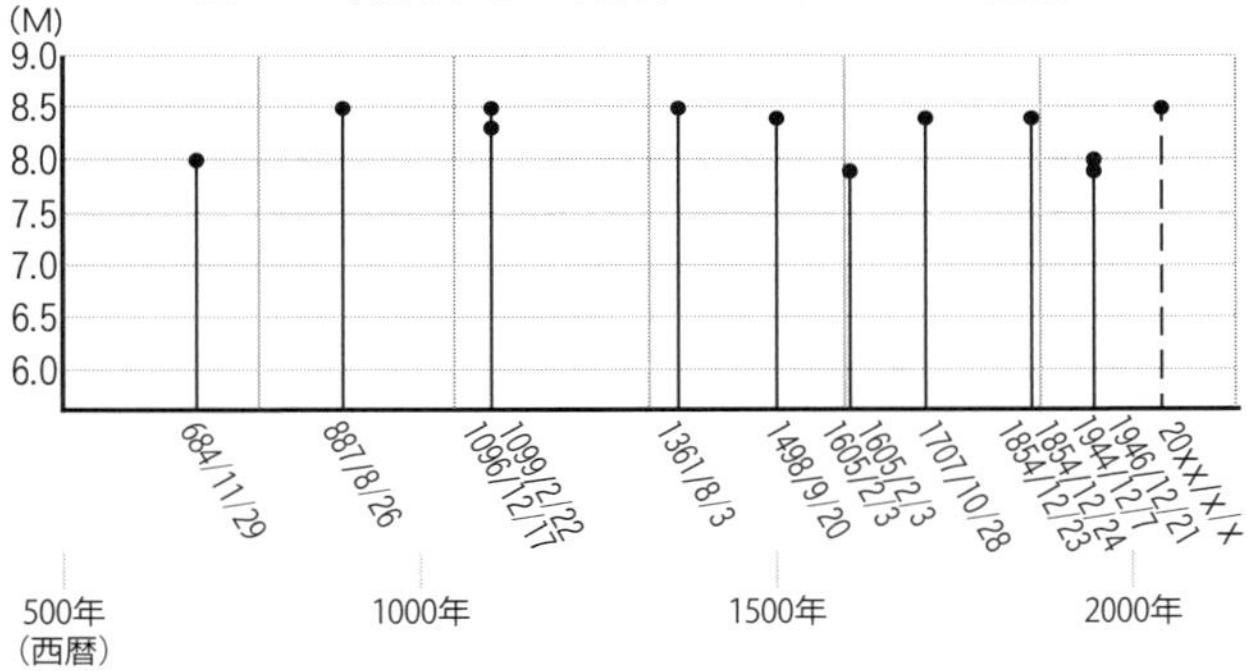

作成：尾池和夫

それに実際に起きた地震の発生間隔は約九十年から約百五十年、あるいは約二百十年と、かなりばらつきがあるのです。拙著『2038年南海トラフの巨大地震』にも書きましたが、ここでもう少し、詳しくお話ししましょう。

知られている中で最大と言われる一七〇七年の宝永地震と、その後に発生した一八五四年の安政東海・南海地震の間は百四十七年です。一方、宝永地震より規模の小さかった安政東海・南海地震とその後の一九四四年・四六年に発生した昭和東南海・南海地震との時間間隔は約九十年。六十年近く短いんですね。

これが何を意味するかと言うと、次の地震が発生するまでの期間が、前の地震の規模に関連する、という考え方が成り立つ、ということです。専門的に言うと、「時間予測モデルが成立している可能性を示している」というふうに表現されます。

この時間予測モデルにもう一つ、高知県室津港の地震時の隆起量と、地震発生の時間間隔との関係をもとにした時間予測モデルを組み合わせて、次の発生間隔を求めることもできます。歴代南海地震のうち、宝永（一七〇七年）、安政（一八五四年）、昭和（一九四六年）の地震時の隆起量がグラフ（図1－6）のように増えているでしょう？　そこから次のM8クラスの地震は、昭和の南海地震から八十八・二年後に発生すると推定できるのです。

これは二〇一三年一月一日時点での評価です。二〇二四年現在、すでに昭和東南海・南海地震から約八十年が経過していますので、次の地震発生の切迫性がかなり高まっていることになります。この推定通りだと、次の地震は二〇三四年でしょうか。

ただし、前出の中田高さんと、東京大学の島崎邦彦さんは論文で、過去の地震の規模と発生時期をもとにしたあるモデルから、「二〇四〇年より少し早い」と予測しています。

そこで私は、二〇三八年を次の南海地震が発生する年と予測しておくことにしたわけです。

図1-6. 南海トラフ地震の発生時期の予測データ

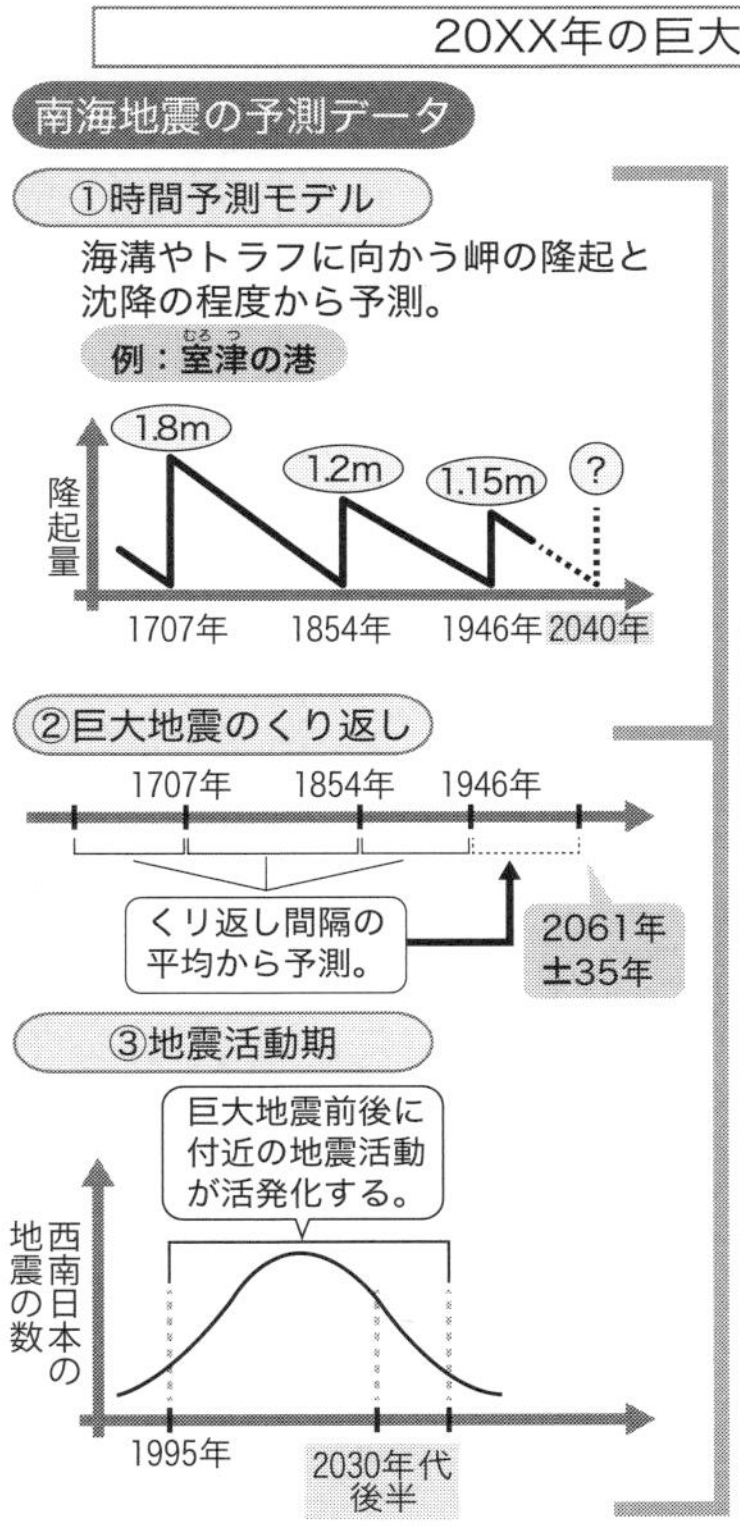
20XX年の巨大地震
南海地震の予測データ
①時間予測モデル
海溝やトラフに向かう岬の隆起と沈降の程度から予測。
例：室津《むろつ》の港
1.8m
1.2m
1.15m
?
隆起量
1707年
1854年
1946年
2040年
②巨大地震のくり返し
1707年
1854年
1946年
くり返し間隔の平均から予測。
2061年±35年
③地震活動期
巨大地震前後に付近の地震活動が活発化する。
西南日本の地震の数
1995年
2030年代後半

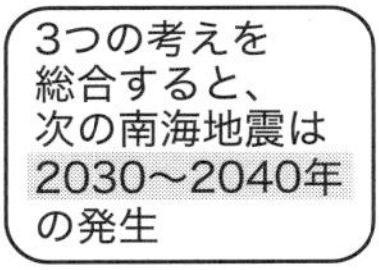
3つの考えを総合すると、次の南海地震は2030〜2040年の発生

高知県室津港

室戸岬の段丘地形

昭和の南海地震で隆起した唐船島

養老　なるほど、それで二〇三八年。先ほどのデータを見ると、次の南海トラフの巨大地震はM８クラスなんですね。

尾池　はい。フィリピン海プレートの北端に面した海岸はもとより、大阪にも、あるいは名古屋にも津波が来ると予想されます。

海洋研究開発機構の堀高峰《たかね》さんが京大にいたとき、私と一緒に内陸で起こった大地震の活動期の統計モデルを用いて、最近発生したM４以上の地震のデータから二〇三八年と予測しました。

いずれにしても南海トラフの大地震は、二〇三〇年代後半から五〇年代あたりに起こりそう。早めの値を採用して、早く対策を打っておくのがよいかと思います。さらに中田高さんは、二〇三〇年の可能性もあると言っています。

養老　次に発生する大地震の震源域（地下で岩盤の破壊面が発生し、地表に揺れを生じさせる地域）を予測するのは難しいようですね。

尾池　推本（地震調査研究推進本部）は「南海トラフで発生した大地震は、その震源域の広がり方に多様性がある」と述べています。実際、南海トラフで規模の大きな地震が起こるたびに、震源域が少しずつ違っているんです。たとえば安政の南海地震は南海道沖全域が震源域でしたが、昭和の南海地震は西側四分の一は震源域ではなかったと推定されている、といった具合に。

いずれにせよ規模が大きくなるのは、宝永地震のように、南海トラフ全域にわたって、ほぼ同時に破壊面が発生した場合です。その「最大クラスの地震」が発生すると、震源域の広がりから地震のマグニチュードは9クラスになると推定されています。フィリピン海プレートの南の端、プレート境界の浅い部分で滑りが発生すると、大きな津波が発生するでしょうし。

養老　何が起こるかわかりませんから、地震のほうで「今回はやめておこう。先送りしよう」となる可能性もありませんか？（笑）

尾池　自然のことですから、ないとは言えない。でも、これだけ繰り返しているから、間違いなく起こるでしょう。

京都の黄檗断層、桃山断層の上を通る東海道新幹線

養老　なるほど。ふと思ったのですが、「自然のことですから」とおっしゃいましたけ

ど、人工的に地震を起こすこともできるのでしょうか？

尾池　一言で言うと、地層に水を圧入すると地震を起こせる可能性があります。

実は仮説がありましてね。一九三〇年、丹那《たんな》トンネルを掘ってる最中に、北伊豆地震が起きたんです。三島と熱海、両方から掘っていて、三島側の切羽《きりは》（掘削面）の手前で断層ができた。ズレたんですね。記録を見ると、ちょうど人が引き上げた跡で、入ってみたら鏡のようにピカピカに光っていたとあります。これ、断層鏡面といいます。京都の金閣寺の近くにある、その名も鏡石町《かがみいしちょう》というところもそう。その石を鏡にして、ヒゲを剃っている昔の絵があります。

それはともかく、なぜ丹那トンネルで地震が発生したか。断層から膨大な量の水が流れ出し、その地下水の大移動が地震を誘発した、という仮説があります。

地震の繰り返しから言うと、このあたりは七〇〇年代に一度活断層が動いています。だとしたら、一九三〇年というのはちょっと早い。歴史時代に二回動いたのは、この断層だけなんですよ。

もっともそのおかげと言うべきか、新幹線は上手に断層を逃げながら、迂回して走っています。問題は、リニアがそれを忘れて、活断層をぶち抜こうとしていることです。

「危ないよ」と警告を発しているんですが。

養老　新幹線、ほかは大丈夫ですか？

尾池　山科盆地に出てくるところで、音羽山の黄檗《おうばく》断層、伏見の桃山断層、六甲断層を抜いて走るんですよ。六甲断層は阪神・淡路大震災の際にズレました。朝の五時四十六分、幸い新幹線がまだ走ってない時間帯でしたね。いずれにせよ六甲断層は当分大丈夫でしょうが、黄檗断層と桃山断層はこれから動きます。新幹線で京都へ帰るとき、私はいつも「はよう、はよう、通り抜けてくれ」と念じています。

目下、列島は地震活動期

尾池　それと、注目していただきたいのは、西南日本の地震の活動期と静穏期を示す地震年表です（50ページ図1－7）。

江戸時代以降の三つの地震を見ると、たとえば直近の一九四四年十二月七日に発生した東南海地震では、一八九一年に七十一年間続く地震活動期に入り、一九六二年から三十三年間、静穏期にあったとわかります。

図1-7. 歴史上起こった南海トラフ地震に関連した地震活動期と静穏期

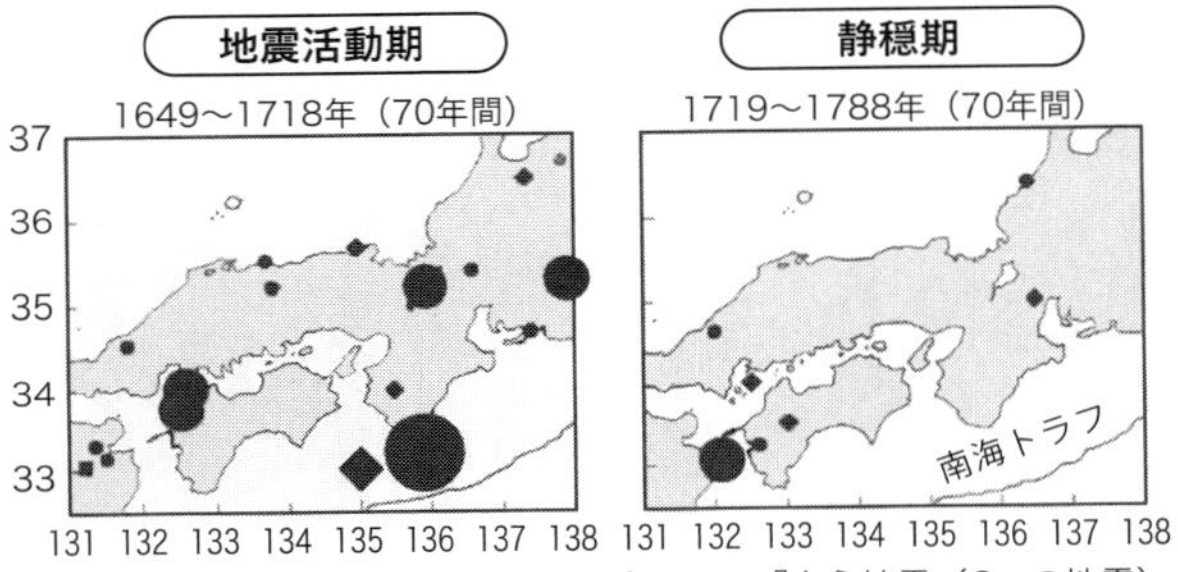

1707年10月28日(宝永4年10月4日)M 8.4 『宝永地震』(2つの地震)

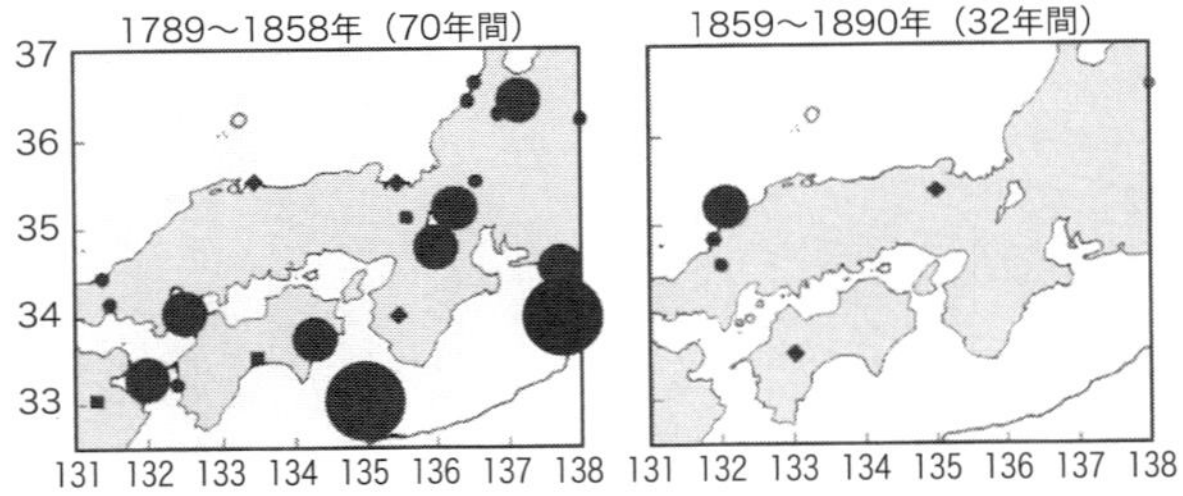

1854年12月23日(安政1年11月4日)M 8.4 『安政東海地震』
1854年12月24日(安政1年11月5日)M 8.4 『安政南海地震』

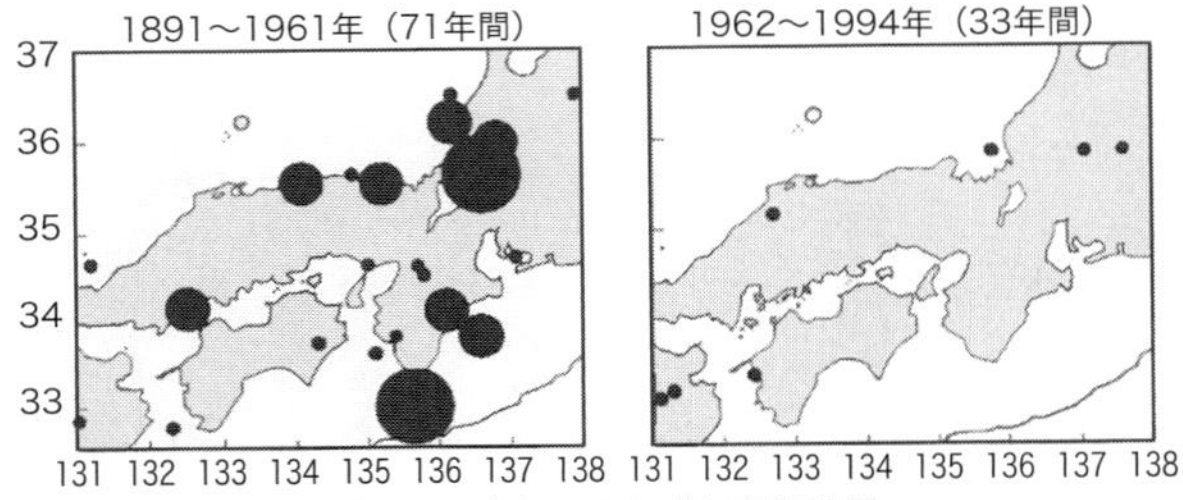

1944年12月7日(昭和19年)M 7.9 『東南海地震』
1946年12月21日(昭和21年)M 8.0『南海地震』

養老　ということは、すでに一九九五年から活動期に入っている。阪神・淡路大震災からずっと、活動期なんですね。

尾池　はい。さっきお話ししたように、海側のプレートが押し込んでくると、内陸がバリバリ割れて地震が多発する。あげく、南海トラフでボーンとはずれて本震が発生し、十年くらい余効変動が続いた後に起こらなくなる、あのストーリー通り進んでいます。

私が住んでいる京都もこのところ、有感地震が増えていると実感しています。活動期に入っている、ということの証左でもありますね。

地震って積立貯金みたいなもの。だんだん増えて大きくなっていく性質があるので、早く起きると預金を中途解約する感じで、小さくてすみます。でも貯めていく一方だと、どんどん大きくなります。

南海トラフの大地震というのは、言うなれば二〇三八年が満期の積立預金。満期を迎えたら、貯めた分の地震を全部引き出して、ゼロになる。そこからまた積立を始める。そういう感じですね。

あともう一つ、重要なデータがあります。地震には季節性があるんです。内陸の雪の積もるところだと、六月ごろに地震が多い。雪解けの水が地層にしみこんで、破砕帯を

図 1-8. 地震の発生月

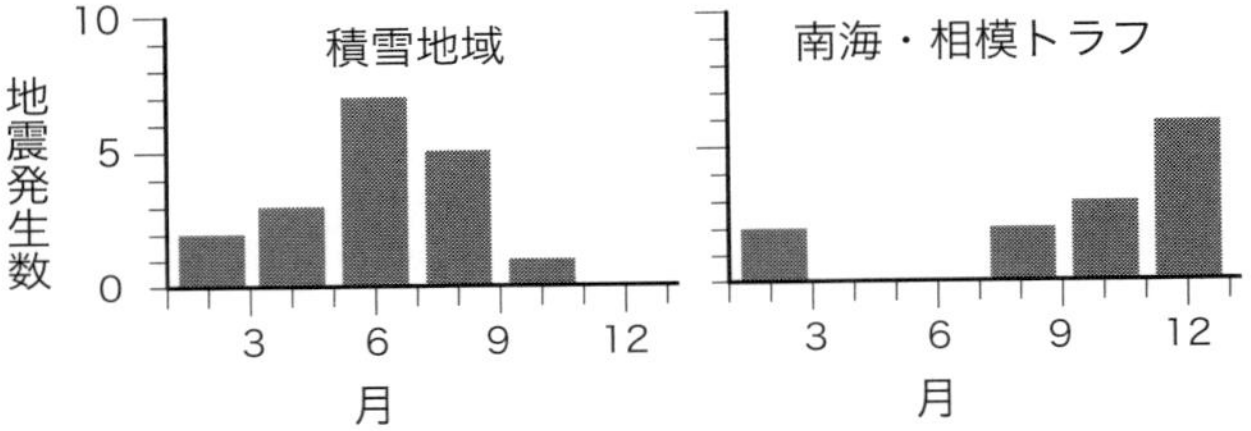

積雪地域（岡田　1982）、および南海・駿河トラフ（Ohtake and Nakahara, 1999）における二ヶ月ごとの地震発生数のヒストグラム．勘定する地震のマグニチュードは 7.0 以上（左）および 7.9 以上（右）
https://www.zisin.jp/publications/pdf/newsletter/NL13_5_Redacted.pdf
作成：日置幸介（国立天文台地球回転研究系）「年周地殻変動と積雪荷重」

動かすから、地震が誘発されると考えられています。一方、南海トラフはだいたい秋から冬、春先にかけて発生する傾向があります（図1－8）。原因はよくわからないんですが、たぶん気温や海流の影響があると言われています。

このデータから統計学者は、「次の南海トラフの大地震は九月から三月ごろ」だと予測しています。

日本って四月に県庁の役人が変わりますよね。そういうときに地震が起きると、新米役人がワタワタするでしょうが、幸いこの時期に地震はあまり起きない。桜が咲いて、平和に新しい年度を迎えられる。そして彼らが地震のことなどを一生懸命勉強して、防災訓練をやり始めるころに、地震が起こる（笑）。そんな見方もできるかもしれません。

緊急地震速報はずいぶん上手になってきた

尾池　先に述べた堀さんがいま、スーパーコンピュータ「京《けい》」や「富岳《ふがく》」を使って、巨大地震を再現したいと、がんばってます。あらゆるデータを全部入れて、フィリピン海プレートを動かしていくと、どこでいつ、どういうふうに地震が起きるかがわかります。

世界ナンバーワンのスパコンを持つことって、大事なんですよ。最新鋭のスパコンが開発されると二台持つアメリカと違って、日本は一台しかない。某自動車会社に独占されちゃう。富岳ができたおかげで、京は比較的自由に使えて、研究はかなり進みました。

養老　ご著書に、数日先・数時間先に大地震が起こるという短期予測は、まだまだ難しいとありました。

尾池　難しい。ほとんどは当たらないでしょうね。でも緊急地震速報はずいぶん上手になってきましたよね。

養老　あの音はびっくりします。たしかに揺れる前に、ちゃんと教えてくれるようになった気はしますが。

尾池　天気予報だって、百年かかって、やっと当たるようになってきたわけで、そんなもんです。地震も今後、数日前予測も出すようにすると、もっと上手になっていきますよ。

養老　予測を出しながら、少しずつ精度を上げていくんですね。それにしても、よくやると感服します。私自身は「シミュレーションをする」ことは比較的苦手で、どこかで投げ出したくなっちゃう。「わかるわけねぇだろ」って。

尾池　それが正しい。がんの研究者に近いものがあって、がんの研究も「治るわけないだろ」から始まったんです。ところが最近、多種多彩の治療法が出てきて、ずいぶん進化しました。「やれば、できる。やらなくなると、進まない」ということですね。

残念ながら、邪魔する人がいて、地震予知はお金がつかなくて、若い研究者たちが「やってもしょうがない」と半分投げ出しているような状況で。

養老　「やってみなくちゃわからないでしょう」では、組織的な動きはできないんですね。あとお金の問題。私はもう、お金がつかないとできないことからは、できるだけ離れようとしてきました。最近も、都内で開催された「何の役にも立たないことをする人たち」というタイトルのシンポジウムで、重役の子どもたちを集めて虫捕りをしました。

尾池　まさにそういうことが大事なんです。

予測が「なかったこと」にされた――阪神・淡路大震災と東日本大震災

尾池　地震を予知することはもちろんですが、地震に付随する原発の問題とか、正しい知識・情報を得るのは、とても大事なことです。ところが行政はときおり、私たち学者が提言していることを「なかったこと」にするのです。

たとえば一九七四年、私たちは「神戸と地震」という報告書をつくりました。そこにちゃんと「活断層の実在する町は、壊滅的な被害が免れない」とある。こんな大事な情報が、「こんな報告書は迷惑や。飛行場がつくれんようになるから、焼き捨てろ」と〝亡きもの〟にされてしまい、活用されなかったのです（56ページ写真1－4）。

また一九九五年一月八日付けの神戸新聞の「正平調《せいへいちょう》」というコラムには、「西南日本は二十数年の間地震の空白域になっており、京阪神には活断層も多いから、いつM7級が起こってもおかしくない」と、私のコメントが掲載されています（57ページ写真1－5）。阪神・淡路大震災が発生したのは、その九日後のことです。

写真1-4. 神戸を襲う地震への警告

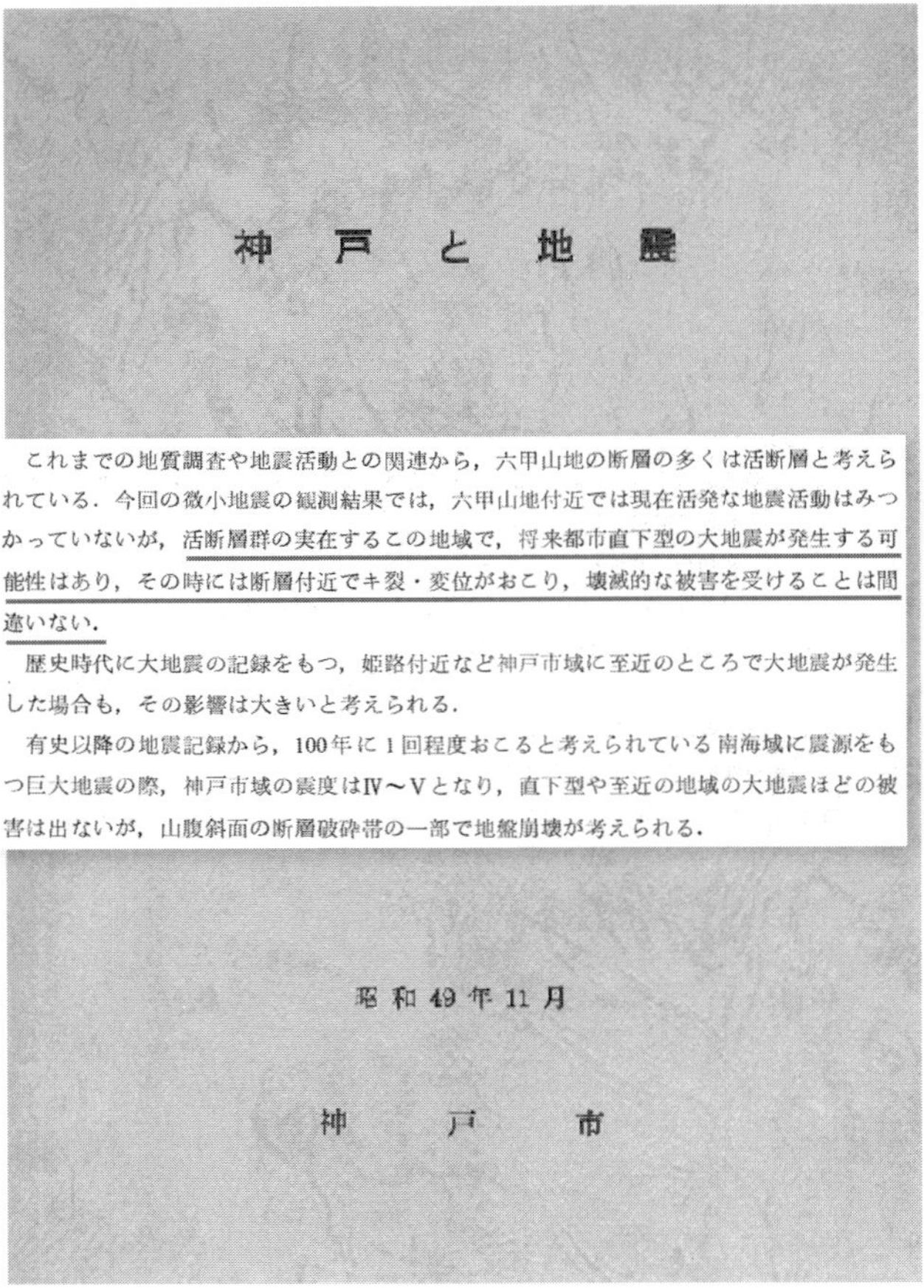

神　戸　と　地　震

これまでの地質調査や地震活動との関連から，六甲山地の断層の多くは活断層と考えられている．今回の微小地震の観測結果では，六甲山地付近では現在活発な地震活動はみつかっていないが，活断層群の実在するこの地域で，将来都市直下型の大地震が発生する可能性はあり，その時には断層付近でキ裂・変位がおこり，壊滅的な被害を受けることは間違いない．

歴史時代に大地震の記録をもつ，姫路付近など神戸市域に至近のところで大地震が発生した場合も，その影響は大きいと考えられる．

有史以降の地震記録から，100年に1回程度おこると考えられている南海域に震源をもつ巨大地震の際，神戸市域の震度はⅣ～Ⅴとなり，直下型や至近の地域の大地震ほどの被害は出ないが，山腹斜面の断層破砕帯の一部で地盤崩壊が考えられる．

昭和49年11月

神　戸　市

⬆　大震災の21年前

写真1-5. 1974年6月26日付神戸新聞

神戸にも直下地震の恐れ

神戸 '74, 6, 26 (夕)

大阪市大委員会

臨海部に破

地震帯 市街へ

1995年1月8日付の神戸新聞の「正平調」というコラム

１９９５年１月８日　神戸新聞　← 大震災の9日前

正平調

七草がゆの食卓で、東北地方の地震のニュースに驚かされた人も多かったろう。昨年暮れの三陸はるか沖地震の余震だそうだが、八戸と盛岡で震度5というから、余震とも言えないほど手ごわい◆一カ月ほどの間にマグニチュード7クラスのものが発生するかもしれないと予告されていたが、その通りになった。「三陸はるか沖」などとロマンチックな名をつけられたが、どうしてどうして荒ぶるナマズである◆昨年秋、県内の猪名川町付近で起こった群発地震は、幸い有感地震もなくなり、暮れには臨時に設置していた震度計での観測を打ち切った。毎日地鳴りに脅かされていた住民も、ヤレヤレというところだろう。お隣の川西市の知人から来た賀状にも「一安心」とあった

◆神戸は地盤が安定しているとの理由で、非常用のコンピューターセンターを置いている企業もある。確かに最近大きな地震はないが、それだけに兵庫県民の恐怖心は多発地の人々に比べて弱く、とっさのとき過剰反応を起こす可能性が大きいとの調査がある◆慣れるほど地震があってほしくはないが、突然のパニックを思うと、やはり心構えは必要だ。京大の尾池和夫教授は「西南日本は二十数年の間地震の空白域になっており、京阪神には活断層も多いから、いつM7級が起こってもおかしくない」という◆そんなエネルギーがひそかにたまっていることを想像すると不気味だ。新年早々縁起でもないと言われそうだが、政界など既に大地震の予兆が見えている。亥年がナマズ年にならないよう、用心に越したことはない。

図 1-9. 起きないことにされた東日本大震災

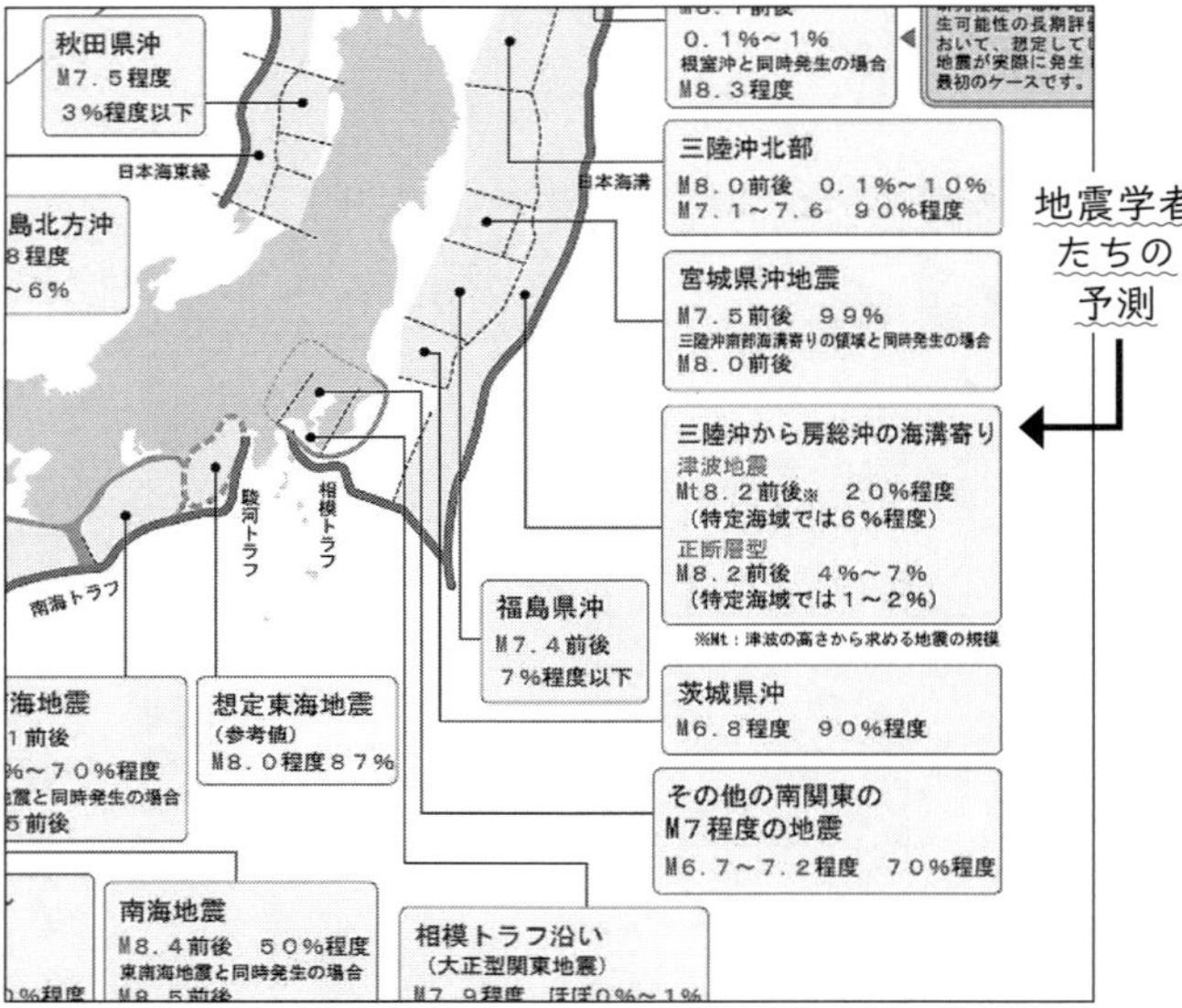

地震調査研究推進本部「全国を概観した地震動予測地図」2008 年版(一部)

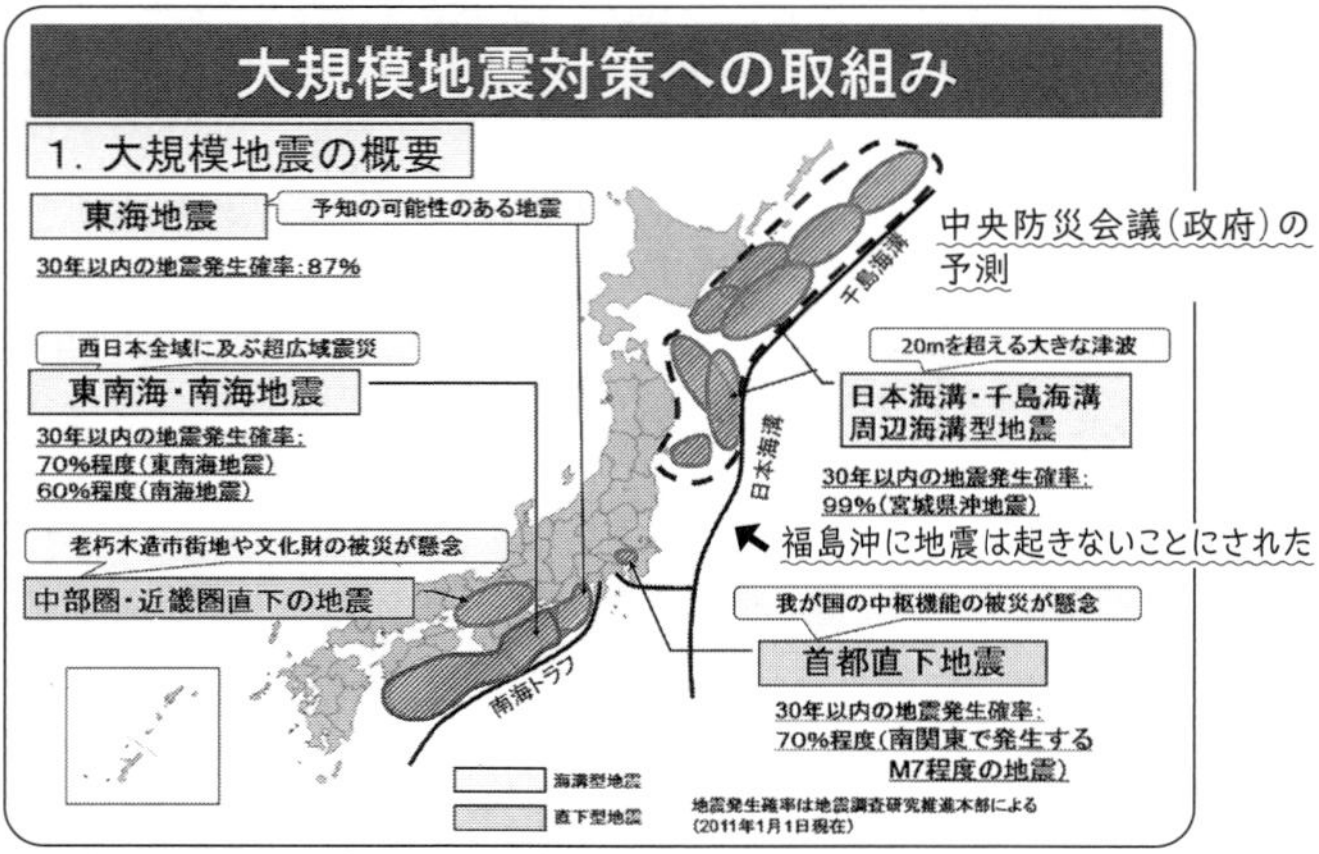

2011年1月1日現在の「中央防災会議」資料

それなのに神戸の人はみんな、「まさか神戸で地震が起こるとは、思いもよらんかった」と言う。「なかったことに」されたせいで、いつの間にか想定外になったわけです。

また東日本大震災についても、地震学者たちは「福島沖でも巨大な地震が起きる」としていました。それが、中央防災会議があの巨大地震が起こった年の正月、二〇一一年一月一日に出した図では、どういうわけか福島沖が消えている。座長の阿部勝征《かつゆき》さんら学者たちの大論争があったと聞いていますが、結局、お役人がまとめた図にはなかったんです（図1-9）。

大地震の直後、たまたまテレビで阿部さんが会見をされていました。「（福島沖は）想定外であった」と、想定しなかったと言われました。この言葉が後に裁判などで、「想定してなかった、予測できなかったんだから仕方ない」という意味合いで使われました。けれども阿部さんは、「予測していたけれど、想定から外した」と言いたかったんだと思います。八年ほど前にすでに亡くなられているので、証言がとれないのは残念です。

養老　そのことを柳田邦男さんが本に書いておられますね。

尾池　ええ、『「想定外」の罠　大震災と原発』というね。

養老　私も拝読しました。

尾池　プラス、島崎邦彦『3・11　大津波の対策を邪魔した男たち』と、失敗学で知られる畑村洋太郎さんら三人の共著による『福島原発で何が起こったか』と、三冊読むと、なぜなかったことになったかがよくわかります。

養老　東日本大震災で原発事故が起こる前、福島県知事の佐藤栄佐久さんが非常に神経質になってましたね、原発が老朽化してるって。

それと廃炉の問題ですね。とにかく原発を止めればいい、という話ではない。加えて使用済み燃料をどう処分するかも決めずに、どんどん新しい原発を増やしてしまった。いろんなツケが回っているような気がします。

尾池　まったくね。廃炉問題については、私は物理学者の有馬朗人《あきと》さんとよく意見交換をしていました。有馬さんは静岡文化芸術大学理事長で、私が静岡県公立大学法人理事長の職にあったというご縁があり、さらに俳句仲間でもありました。二人で話し合ったのは、とにかく原発を早く再開して、燃料を燃やしてしまうのがいいと。トリウム発電を開発し、そこでプルトニウムを消費して終わりにしようじゃないかと。ところが逆に、原発を止めておいて、燃料をどんどん輸入してるんですよ。

しかも原発を止めたものだから、技術者がいなくなっていく。そのうち事故の処理もできなくなるのではないでしょうか。

有馬さんは二〇二〇年に九十歳で亡くなりました。百二十歳まで生きると言っていて、私も百十歳までつき合うから、いっしょに南海地震を体験しよう、と言ってたんですがね。

それと私はいま、南鳥島《みなみとりしま》を核廃棄物の保留場所にしてはどうかと提案しています。ここは日本の最東端で、唯一、太平洋プレート上にある島です。長く旅をしてきた、古くて世界で一番安定したプレートです。

それなのに関係者からは、「せっかく北海道が手を挙げてくれてるんだから、邪魔をするな」と怒られる。でも北海道の候補地、寿都《すっつ》町と神恵内《かもえない》村はすぐ沖にプレート境界があるんです。そんな恐ろしいところになぜ？って、言いたくもなります。そうするとまた「なかったこと」にされるかもしれません。

そういった一連の話をしていると、原発反対運動をしている人たちから「尾池は原発推進派だ」なんて怒られる。「そうじゃなくて、廃炉しようと話してるんだ」と言って、「廃炉への道筋は、まず燃料を注文しないことから始めて、一方で技術者を養成しなくてはいけない」と説明して回っています。これがなかなか……とにかく原発を止めろ、の一点張りです。

養老　ほかにも危ない原発はありますか？

尾池　本当のところ、韓国の原発が怖い。蔚山《ウルサン》原発古里《コリ》一号機の下に、蔚山断層を見つけたんです、私たちが。蔚山の原発は現代《ヒヨンデ》の工場に電気を共有するために造られたんです。

ただ設計したのはアメリカだから、耐震仕様になっていない。日本の技術者も見に行ったけど、お手上げだと言って帰って来たという。

ここでもまた、最初は韓国電力の偉い人に「いらんことしてくれるな」と怒られて。それでもだんだん理解してくれて、いま、巨額の費用をかけて活断層調査をしてます。

養老　もし地震が起こって、蔚山断層がズレたりしたら、韓国で大災害が起こり、日本海が汚染されてしまう。

尾池　こっちのほうが、福島原発の海洋汚染より、よっぽど怖いです。それで思い出しましたが、福島原発でトリチウム水を海洋放出しましたよね。あれ、中国は日本の八倍も放出してるんです。それなのに中国は「日本の魚は食わん」とか言って、輸入を禁止したでしょう？　何のことはない、その後で中国はたくさんの漁船を福島沖に繰り出して、大量に魚を獲っているとか。

養老　いかにも、ありそうな話ですね。

大地震が歴史を変える

――最後に、養老さんが先ほどおっしゃった、南海トラフの地震が起きた後についてお話を伺えないでしょうか。

養老　まず「備え」として、南海トラフに加えて首都圏直下型という大地震の発生が予想されています。もし人口も政治機能も一極集中している東京が被災したら、どうなるのか。政府が機能不全に陥る可能性もあるし、物流は途絶えるし、食糧や生活用品なんてとても確保できません。その混乱は、これまでの震災の比ではないでしょう。

そうなったとき、私たちに求められるのは、文化人類学のいう「ブリコラージュ（器用仕事）」を実現することでしょう。フランスのレヴィ＝ストロースという学者が著書『悲しき熱帯』のなかで、生活をともにしてアマゾンの未開部族のことをこう評価しています。

「彼らはそのとき、その場であり合わせの材料を使い回して必要なモノをつくっている。決して文明が遅れているのではなく、それが地球環境や社会の安定を維持するうえで、非常に優れた手段である」

ようするに自給自足ですね。都会的なシステムに依存しきっていると、震災が起きたときに何もできません。食糧やエネルギーを自給自足しながら生活を持続させることが重要になってきます。

尾池 先生、高知のイベントのときに「現代の参勤交代」のお話をされていて。東京とかの都会で暮らす人たちは、被災したら、さっと避難できるよう、地方に別荘をつくれと。

養老 そうです。あのときは隈研吾《くまけんご》さんが八時間で木の家を建てましたね。CLT(Cross Laminated Timber)という、コンクリートの養生期間が不要だから、短期間で施工できる手法を用いて。

私は以前から、都会に住む人は地方にセカンドハウスを持ち、一年のうち一定期間を田舎暮らしをするよう国から奨励してほしいとお願いしています。もともとは都会でずっと暮らすのは体にも頭(思考)にも良くないと思って提唱したことですが、いまは南海トラフ後の未来を生きていくための方法だと思っています。

尾池　地震後ということでは、歴史を振り返ると、巨大地震の後は必ずと言っていいほど、歴史の転換期と重なります。一番近いところで、安政の大地震が起きた後、江戸幕府がつぶれました。

養老　幕府が倒れたのはペリーの黒船が来たせいだ、と言う人もいますが、実は一年ズレてる。一八五三年の黒船来航と一八五四年の大地震はほぼ同時です。私は南海トラフの大地震が明治維新を誘発したのではないかと考えています。その後、南海地震と、安政の江戸の大地震（一八五五年）が併発しましたからね。

それ以前も、源平の争乱があって平家が壇ノ浦に沈んだ四カ月後に、京都で大地震が起きています。文治《ぶんじ》地震です。鴨長明が記録した『方丈記』を読むと、この地震による被害の甚大さに改めて驚かされます。本震と同じくらいのものも含む余震が三カ月も続いたそうです。これを境に、日本は貴族政治から鎌倉の武家政治に変わっていきました。

あと、先ほどお話に出た慶長伏見地震もそうですね。それで秀吉は自分の領地を経営するのに精いっぱい。家康に戦いを仕掛けてつぶす余裕がなくなったとされています。大地震が豊臣の政権を揺るがし、以後、二百五十年以上続く徳川幕府の時代が始まったわけです。
そういう歴史に鑑みて、二〇三八年に南海トラフが発生したら、日本はそれこそグレート・リセットを起こすのではないかと思っています。根底から変わらざるを得ないでしょう。国民の一人ひとりがゼロから社会をつくりあげていく、そのためのきっかけにしなければ、と思います。
まあ、二〇三八年というと、私は生きていたら百一歳ですから、南海トラフを経験するのはムリかなあとも思いますが。
尾池　いやいや、私は心筋梗塞《しんきんこうそく》で一度死にかけてから、二十六年生き延びてます。二〇三八年だと九十八歳、何とかなるでしょう、と思ってます。
養老　最近は虫が減って、生きがいも減ってきちゃって。でも私も何とか生き延びて、何とか南海トラフ後の日本を見るとしますか。
尾池　お互い、元気で生き延びましょう。

第二章

被災のシミュレーションと復興ビジョン

廣井 悠×養老孟司

HIROI Yu ／ YORO Takeshi

（撮影：今井一詞）

【廣井 悠 ひろい・ゆう】 東京大学先端科学技術研究センター教授。博士（工学）、専門は都市防災、都市計画。一九七八年東京都生まれ。慶應義塾大学理工学部卒業、東京大学大学院工学系研究科都市工学専攻・博士課程を二年次に中退し、同・特任助教に着任。二〇一二年名古屋大学減災連携研究センター准教授、一六年東京大学大学院工学系研究科准教授を経て、二一年同・教授。二三年から現職。内閣府「首都直下地震帰宅困難者等対策検討委員会」座長等も務める。平成二八年度東京大学卓越研究員、二〇一六‐二〇二〇ＪＳＴさきがけ研究員。受賞に防災功労者・内閣総理大臣表彰（二〇二三）、文部科学大臣表彰・科学技術賞（二〇二三）、文部科学大臣表彰・若手科学者賞（二〇一二）等。

南海トラフで想定される被害

――廣井先生は「大都市防災」をテーマとするさまざまな研究に取り組んでおられます。そのなかで南海トラフ巨大地震についても、研究と議論を進めてこられたと存じます。

廣井 はい、南海トラフ巨大地震を本格的に意識しだしたのは、東日本大震災が起きた翌年の、二〇一二年に私が名古屋大学減災連携研究センターに赴任してからですね。

養老 もう十年以上、ですか。先般対談した尾池和夫先生は、南海トラフは二〇三八年に起きると明言しておられます。いつになるにせよ、もう逃げられない、という感じです。

それにつけ思うのは、政治が相変わらず政治資金パーティだの、裏金だの、「お金はどこにいった」みたいに右往左往している場合か、ということです。そんな目先の問題で騒ぐのはいい加減やめにして、災害に本腰になっていただきたい。

南海トラフ地震が首都直下地震と連動して起こる可能性もあります。そればかりか富士山が噴火するかもしれないし、もし大地震が真夏とか台風シーズンに起こったら、甚《じん》大《だい》な風水害を被るかもしれない。もうたまらないですよ。災害が複合的に発生することを前提に準備することのほうがずっと重要でしょう。

廣井　たしかに、複合災害のことは現状ではあまり考えられていませんね。

たとえば、令和六年一月一日に発生した能登半島地震の被災地でも、同年九月の豪雨によって再び大きな被害を受けています。歴史上の事例を見ても、東北の巨大地震と太平洋沿岸の巨大地震、そして富士山の噴火が短い期間に連続して発生するなど、災害の連動は過去にも起きているようで、複合災害対策は重要な課題です。大きく地形が変わったり、堤防が壊れたりすると、ハザードマップも随分違ってくる可能性もありますしね。

養老　行政はお金の〝使いどころ〟として、防災や復興に必要な資金を算段する方向で考えてほしいですね。もっとも被害の大きさを予測するのは非常に難しいでしょうけど。

廣井　複合被害までは手が回っていないのが実情でしょう。単一災害ですら、十分な対策ができているとは言えないのに加えて、複合災害は「災害級の暑さ」とかも考えると、パターンが無限といってよいですから。重要なシナリオをどう選定するか、が鍵だとは思います。

――南海トラフ単体では、どの地域で、どのくらいの被害が想定されていますか？

廣井　私は地震学の専門ではないのですが、東日本大震災後に国がつくった被害想定によると、最大のケースでは、静岡県から宮崎県にかけての一部では震度七になる可能性があるようで、それに隣接する周辺の広い地域では震度六強から六弱の強い揺れになるとされています。また、関東地方から九州地方にかけての太平洋沿岸の広い地域に一〇メートルを超える大津波が襲来することが想定されています。あくまで最大のケース、ということですが。

――瀬戸内海の地域はどうですか？

廣井　〝中の海〟なので、津波の影響は太平洋沿岸部ほどではないと言われてもいますが、それでも津波が来ないわけではなく、警戒が必要だと思います。

――大阪や兵庫は？

廣井　もちろん場所によってですが、強い揺れや高い津波が予想されているようです。いずれにせよ、南海トラフ巨大地震は最大ケースで非常に大きな被害量が計上されています。なので最大の課題は、このような圧倒的な被害量に対して、限りある対応力でどう凌《しの》ぐか、ということかと思います。

とにかく物量的には、最悪の場合、関東から九州にかけての三〇の都府県で合わせておよそ三二万人が死亡し、約六二万人が負傷するとされています。この内訳は、大部分が津波により亡くなり、建物倒壊による死者は四分の一くらいであろうと言われています。

また建物被害は、全壊・焼失が最大で二三八万棟余り。うち半分が地震動、四分の一が火災、その他津波や液状化などによるものとされています。

ただしこの数字はあくまでも、マグニチュード9クラスの巨大地震が発生し、関東以西の各地を激しい揺れが襲うとともに、沿岸部には最大三〇メートルを超える巨大津波が押し寄せる、とした場合の最大値です。現実には、同じ南海トラフでももっと小規模地震だったり、中規模地震だったりする可能性もあると思います。

たとえば昭和の東南海地震や南海地震（一九四四年・一九四六年発生）とか、安政の東海・南海地震（一八五四年発生）くらいの大きさかもしれません。被害想定も、強い仮定の下での数値なので、参考値と考えたほうがよいかもしれません。なので何とも言えないのですが、危機管理としては甚大な被害を考えておいたほうがよいのは間違いのないところです。

実際、想定数値を東日本大震災時の被害の実数と比較すると、単純計算でおおよそ、死者（直接死）や建物被害は約一〇〜二〇倍といったところではないでしょうか。津波、建物崩壊、火災……きわめて多種多様な原因で被害が発生する可能性がありますから、圧倒的な被害量ですよね。

人によっては、「火災の被害が甚大だった関東大震災と、建物倒壊が際立った阪神・淡路大震災、津波が多くをさらっていった東日本大震災と、三大震災が一気に来るようなイメージだ」と表現される方もおられます。

建物の倒壊より、買い控えのほうが企業倒産につながる？

廣井　加えて深刻なのは、日本経済が被るダメージです。関東から九州にかけての「太平洋ベルト」と呼ばれる工業地帯が被災すると、製造業などに著しい被害が生じることも想定されます。とりわけ中京圏は、日本最大の生産出荷額を誇る一大工業地帯であり、伊勢湾沿岸には多数の石油コンビナートがありますから、深刻な被害になる可能性もあります。

――新幹線やリニア新幹線がどうなるかも大変心配です。

廣井　高速道路も含めて、日本の大動脈が寸断されることが懸念されています。といったこともあって、「国難災害」とも言われます。

ただ、南海トラフ地震が起こったとき、日本経済がどのくらい疲弊しているかによって被害は変わってきます。現在ならともかく、発生する時期が遅くなればなるほど、深刻です。なぜなら、今後日本社会はますます人口減少と高齢化が進み、そして自治体の財政も逼迫《ひっぱく》することが見込まれ、すると「自助・共助・公助」が成り立たなくなる危険があるからです。

ここまで被害の範囲が大きくなると、「助けてもらう」側の市町村ばかりで、「助けてあげる」側の市町村がとても少なくなります。東日本大震災では、東日本の太平洋沿岸以外の多くの自治体が東北を支援しました。能登半島地震では、日本全国で支援することが可能でした。じゃあ南海トラフは？となると、巨大なものが来てしまった場合、「どこが助けるんだ？」というような状況になってしまいかねないのです。

つまり災害への対応力が、全国で一様に相当低くなるわけです。そんなときに南海トラフに見舞われ、想定されている最悪の場合の被害が生じたら、もうどうしたらいいのか……そこが一番の問題でしょう。

養老　阪神淡路とか東日本とか、過去の大地震が経済的にどういう影響を与えたのか、丁寧に検証されているのでしょうか。そこを飛ばして南海トラフの経済的な損失を想定することには無理があるように思いますね。

廣井　ええ。国やいろんな学会で経済被害額を計算してはいるのですが、どの要素を計算するかで結果が相当違ってくるようです。現象が複雑すぎて計算しづらいのでしょう。たとえば「揺れで工場が壊れて、生産できなくなった」とか、「道路が使えなくなって、製品を供給できなくなった」などのケースはわかりやすいけれども、経済損失はそういう目に見えるものだけではないでしょうから。

実際、うちの学生が帝国データバンクさんのデータを使って「東日本大震災で企業が倒産した割合を原因別に数式で表現する」ことを試みたところ、建物倒壊などの直接的な原因で倒産した事例は意外と少ないことがわかりました。むしろ買い控えのような消費行動の萎縮により業績不振に陥るなど、間接的な理由で倒産してしまった企業が非常に多かったんです。そこにも、経済被害を予測する難しさがあると実感しています。

――たしかに南海トラフで想定される経済被害総額にしても、国が出している数字と、たとえば土木学会が出している数字とではまったく違いますね。国は建物被害を中心に、最悪の場合、東日本大震災の一〇倍以上、二二〇兆円に上ると推計しています。一方、土木学会は「地震発生から二十年間の経済的被害は、最悪の場合、一四一〇兆円に達する」としています。

廣井　経済被害額以外にも、南海トラフ巨大地震には解釈が難しい特徴があります。たとえば工学の世界では、「費用便益分析」という手法で防災投資を判断することがあります。簡単に言うと、「このくらいの確率でこのくらいの被害が発生する」という確率と被害量を計算し、それに基づいて期待値を算出。その期待値と比較して防災投資の額を決めよう、というような計算をするわけです。

やっかいなのは、巨大災害は一般に被害が極めて大きいのですが、起きる確率は低い、と考えられています。これは「Low-Probability High-Consequence（高被害低頻度型の災害」と言ったりするわけですが、このように発生頻度は低いけれど、もし発生すると社会に与える影響が大きく、国難級の被害になる巨大自然災害は、期待値にどれだけの意味があるかと言うと解釈が難しい。だから「確率と被害量を単純に計算して、期待値ぶんだけの防災投資をしてもいい」とは、なかなかならないわけです。

ゼロベースで都市や国土の形を考えていく

養老　なるほど、防災にどのくらいお金をかければいいのかわからない、ということですね。ただ、被害をシミュレーションして、どういう社会にするのかを設計したうえで防災投資を考えるのは大事なことですよね。「シミュレーションできないのが人生だ、社会だ」っていう前提で動くのとは、全然違ってくるでしょう？

廣井　そうですね。難しいですが、この難しさに挑戦するのが「科学」の役割だと思います。

養老　こういう話になると私、明治政府が「富国強兵」をスローガンにやったことを思い出すんです。富国強兵とは文字通り、「国を富ませ、兵力を強化する」ことですが、なぜ経済と兵力に絞ったのか。それはつまり、この二つは「ああすれば、こうなる」というシミュレーションの範囲に収まる課題だったからでしょう。それ以外の問題は、シミュレーションが難しく、考えるのもやるのも面倒くさいからと放置されたのです。

でもいまはコンピュータがものすごく進化していますから、簡単にシミュレーションできることも増えていますよね。

それで私が思うのは、「ご破算で願いましては」と、ゼロベースで「日本をどう設計するか」から始めるのがわかりやすいのではないか、ということです。食料なんかは、「このくらいの人口なら、これだけのものがいる」って、すぐに計算できるはずですよ。

あと、エネルギーね。世界もそうですが、日本は昭和の初めからずっと、エネルギーとともに動いてきました。「高度経済成長」と呼ばれる時代だって、安い石油なしにはありえなかった。けれどももうエネルギー問題にバンザイして、避けてばかりもいられません。石油に頼らない、もっと言えば輸入に頼らない経済のあり方をどう考えるのかは、重要な課題だと思いますね。

廣井　私たち日本人は全般、いまだに高度経済成長時代の価値観に縛られている感が拭えません。すでに低成長時代に入っているのに、頭のなかで変換できなくなっている人が多いように思います。実は防災においても、低成長の影響って、すごく大きいんです。

たとえば、わが国の都市が安全になっていった背景には、数多くの災害教訓が生かされたという事実があります。私は災害調査屋でもありますが、甚大な被害が起きるたびに、われわれが災害を調査して教訓を得ます。そして、それを建築基準法などの法律に反映することで、その後に作られた建物は、災害の教訓を生かしたものとなる。このようにして、市街地更新を前提として、これまで都市は安全になってきたんですね。

ところが低成長時代のいま、市街地の更新がなかなか進まない。実際にも、新築住宅の着工件数は一時期に比べて減っています。つまり、都市が更新されることで安全になるという二十世紀的なメカニズムが、もう通用しなくなってきています。更新されずにこのまま老朽化が進むと、都市はどんどん安全でなくなっていく可能性があるわけです。

そういった観点からも、養老先生がおっしゃったように、脳裏にある慣性の法則をいったん捨てて、都市の形とか国土の形をゼロベースで考えていくことがとても重要だと感じています。

電話ボックス一つ分に六人が詰め込まれる――帰宅困難問題

――大都市圏で平日昼間に大地震が起きた場合、帰宅困難者が大量発生することが予測されています。そのときにどのような危険があるのか、廣井先生は首都直下地震が起きたときのシミュレーションをしておられます。内容をご教示いただけますか？

廣井　まず、東日本大震災が発生した一時間後、どの歩道がどれだけ混雑したか、歩行者密度を何百万人もの人が動き回る大規模計算シミュレーションによって再現してみた画像を見てください（82－83ページ図2－1）。ほとんどの歩道がブルー、つまり一平方メートル当たり〇・二人～〇・五人の歩行者密度となっています。一平方メートルというと、公衆電話ボックスよりも少々大きいくらいでしょうか。仮に同じ大きさだとすると、電話ボックス二～五個の広さに一人くらいの密度ということになりますから、そんなに混んでいなかったことがわかります。

養老　その程度なら、混雑というほどでもありませんね。あのときの東京は最大震度五強でしたか。

廣井　そうなんです。震度五強程度では多くの方があまりあわてないのだと思います。そもそも家族が生きるか死ぬか、という状況ではないでしょうし、安否確認も時間はかかりましたが、できたわけです。そして、会社も壊れていなかったわけですね。なので、通勤者などが一斉に帰宅するような事態にならず、アンケート調査のデータを見ても、「半分くらいの人が少しずつ帰宅した」という帰宅状況でした。さらに、帰宅困難者になって亡くなった人も報告されてはいないようです。

しかし、これが震度六強、七になると、状況が一変します。家族のことがとにかく心配になりますし、このような強震時は安否確認も取れないかもしれない。あるいは会社の社屋が倒壊するなどしてしまうと、みんなが一斉に帰宅してしまうかもしれない。ということで、仮にみんなが一斉に徒歩帰宅をしてしまった場合のシミュレーションもつくりました（86−87ページ図2−2）。その画像を見ていただくとわかるように、赤だとか、ピンクだとか紫の色で塗られた箇所がたくさんあります。

たとえば紫に注目しましょう。この紫色の歩道は一平方メートル当たり六人、つまり先ほど申し上げたように、電話ボックス一つに六人以上が詰め込まれるに近いような超過密状態が想定されるということを示しています。全員が一斉に徒歩で帰宅できるほど、歩道空間のキャパシティはないということがわかります。
こうなると、状況次第では、二〇二二年に韓国ソウルの梨泰院《イテウォン》で起きた群集事故のような事態を招かないとも限らない。実際に関東大震災では、群集事故で東京市の相生橋《あいおいばし》や横浜市の吉田橋で人が亡くなっているようです。東京市人口二二〇万人ですら群集事故が起きてしまっているわけですから、より人口規模の拡大した現代都市では、亡くなる人も出るかもしれません。

――最悪のシナリオですね。

養老　ということは、帰宅困難者の問題については、もし首都直下地震や南海トラフで震度六強を超える揺れに襲われたとしたら、東日本大震災の教訓を生かすのは難しい、とも言えますね。

廣井　帰宅困難者問題に限らず、これら巨大災害は、従来とはまったく別の、現代人にとっては誰も経験したことのない新規の事象が発生する可能性もある、と私は思っています。
そもそも、一人の人間が一生のなかで経験する大災害なんて、ごくごく限られています。同じ大災害に二回遭遇することはほぼありません。そして、自然災害は発生時刻や

東京の歩行者密度のシミュレーション

図2-1. 東日本大震災が発生した1時間後の

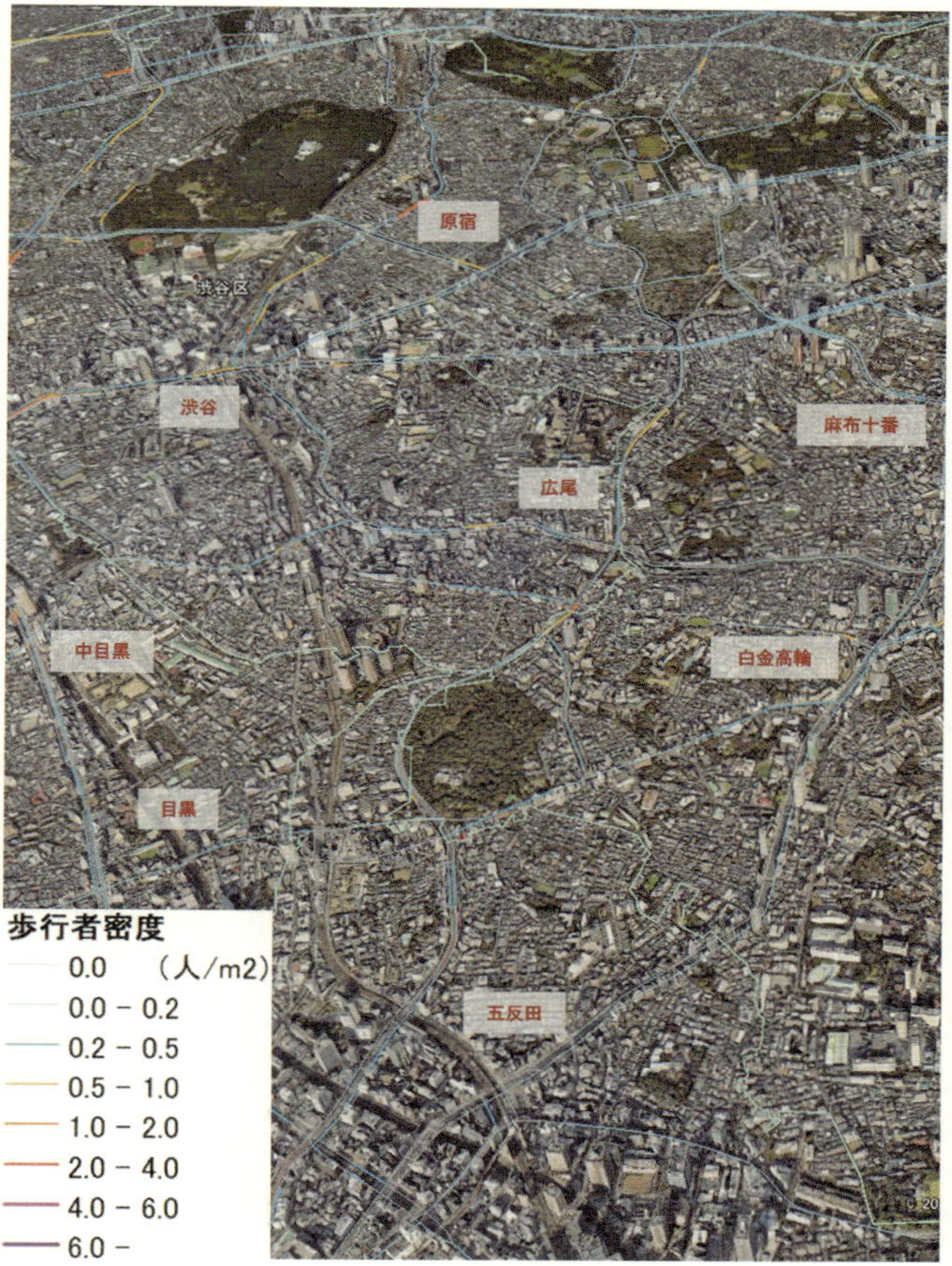

季節、風速などの環境条件によってもさまざまな被災様相が考えられます。だから帰宅困難者の問題にしても、東日本大震災の経験だけでは十分に備えることはできません。科学も経験も万能ではない。だからこそ、関東大震災やこれまで南海トラフ地震など、過去の大地震までできるだけ遡って検証しなくてはいけないんです。

十九世紀の政治家ビスマルクは、「愚者は経験に学び、賢者は歴史に学ぶ」と言いました。こういうシミュレーションをしていると、つくづくその通りだな、歴史に学ばないとダメだな、という感を強くします。「大規模計算シミュレーション」なんて言っても、設定した条件によって計算結果が全然違うのです。そして人間はどうしても自分一人の経験を大事にしたがりますが、過去の経験がかえって正しい対応の妨げになる「経験の逆機能」という心理現象が知られています。それでは巨大災害の備えとして不十分過ぎる、ということです。

原則三日の待機でリスクを軽減

——南海トラフが発生したら大阪は、首都直下地震が起きたときの東京と同じような状況になりますか？

廣井　被害想定では、近畿圏二府四県で最大約六六〇万人が一時的に自宅に戻れなくなり、うち最大三〇〇万人が当日中に自宅にたどり着けず、帰宅困難者になると予測されています。

東京や大阪のような大都市は、多くの人が長距離を電車で通勤・通学しているため、昼間と夜間の人口に大きな差があります。だから平日の昼間に突発的に鉄道が止まると、その原因が地震であろうと、大規模停電であろうと、大量の帰宅困難者が発生することは避けられません。

これは、職住分布にかなりの偏りがある、大都市の構造的な問題に起因しています。この都市構造を見直すか、みんなが在宅勤務を行なわない限り、根本的な問題の解消は難しいと言わざるをえません。しかし、これらの対策は一朝一夕には困難です。なので、帰宅困難者問題は、莫大な帰宅困難者の発生を前提として、これをどう管理するか、制御するかという、対応中心の防災対策になります。

とくに大阪は、南海トラフが起きた場合に津波が来ることも予想されますから、災害時における移動ルールの調整や徹底が必須かもしれません。

帰宅した場合の歩行者密度シミュレーション

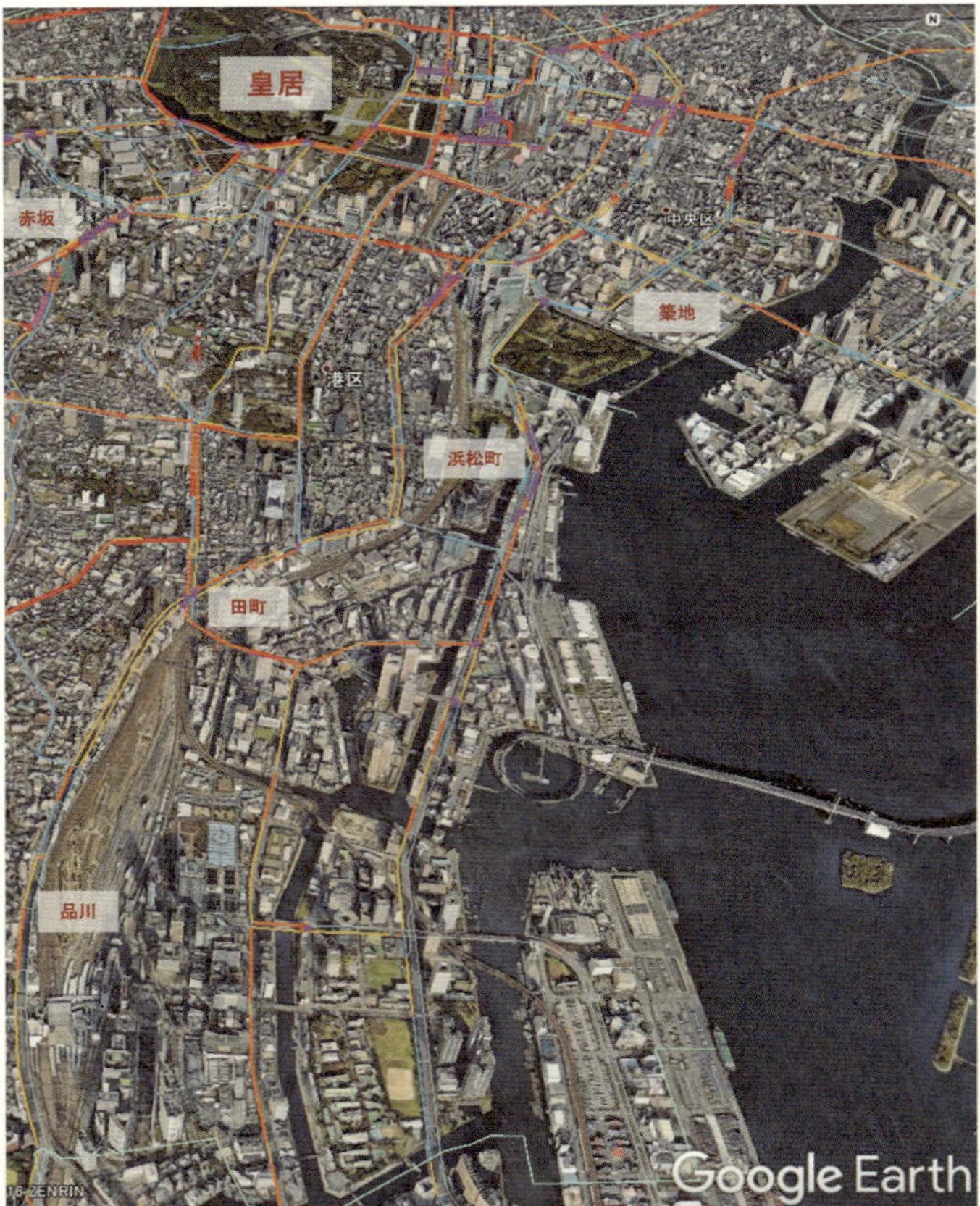

図2-2. 地震発生時に、東京で通勤者などが一斉に

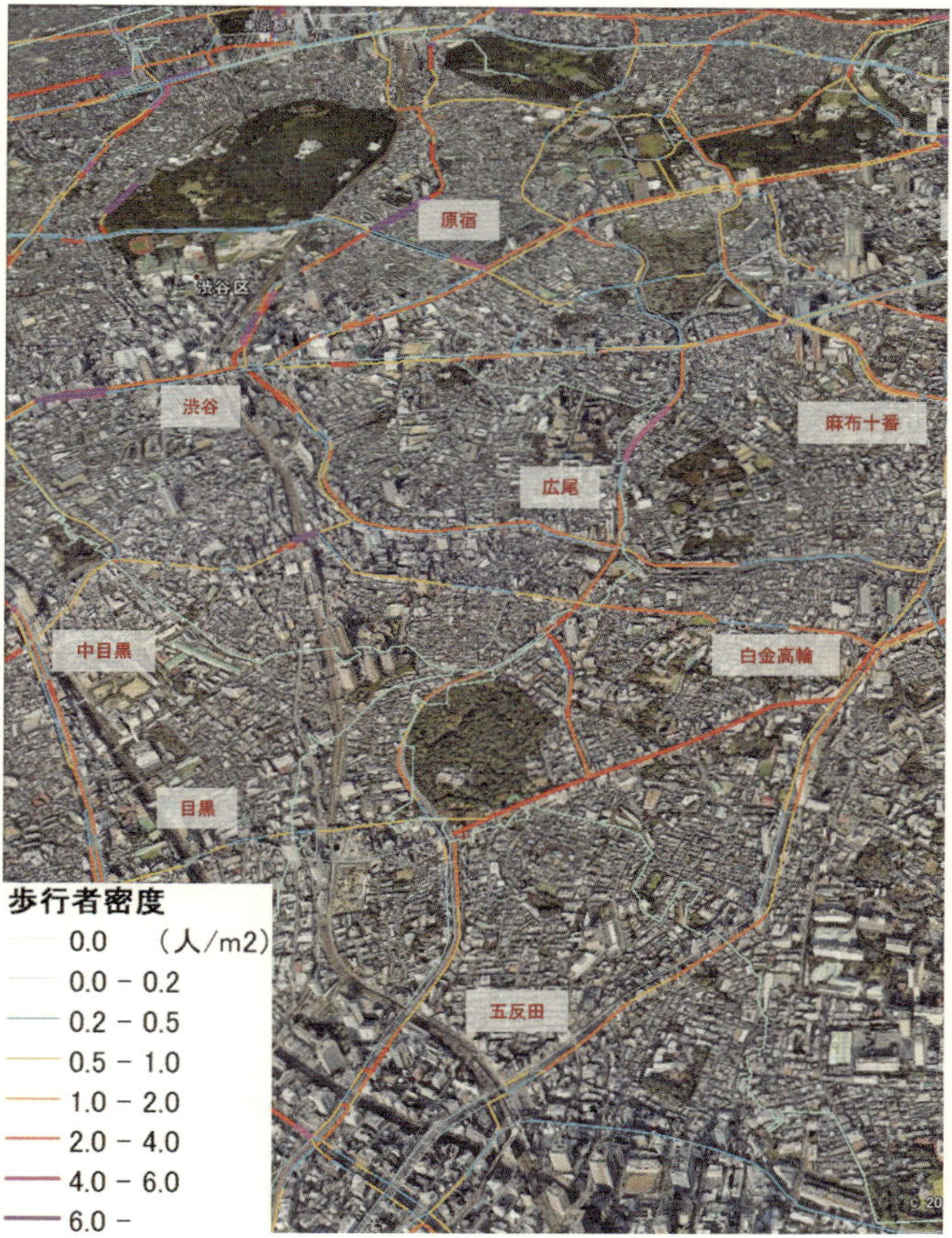

養老　通勤・通学者をはじめ、そのときに大阪にいる人たちはやはり、あわてて一斉に帰宅せずに、会社なら会社に留まったほうがいいですね。鉄道などの公共交通機関がストップし、復旧の見通しがないなかで多くの人が歩いて帰宅しようとするのは、建物の倒壊とか火災の危険のなかに自ら飛び込んでいくようなものですからね。

廣井　そうです、そもそも震度6強や7が発生した市街地を大量の人間が歩き回ること自体にリスクがありますし、群集事故の起きる可能性も高くなります。

ところで、先ほどのシミュレーションでは、全滞留者の半分が帰るのを諦めた場合、つまり「半数が帰宅抑制を行なった場合の歩行者密度」も計算しています（90－91ページ図2－3）。この画像と前の画像を見比べていただきますと、過密空間の発生するところがかなり減少しているとわかります。

「帰らない」ことを選択するだけで、危険な空間がここまで減るわけです。帰宅困難者対策は、建物倒壊や火災、津波のように何千、何万が亡くなるような問題ではありません。ただ、みんなで一斉に徒歩帰宅しないことを実行すればよいだけですから、防災対策としてコストパフォーマンスがいい、というふうにも考えられます。

養老　減ったら減ったでまた、「かなり空いてきたな。よし、帰ろう」という人も出てきそうですが。

廣井　あります、あります。そこら辺の要素はシミュレーションに入れられなくて。〝会議室の限界〟を感じるところです。

養老　道が空いていても、しばらくは帰らずに留まっていましょうという、取り決めみたいなものはないんですか？

廣井　東京都では二〇一二年三月、企業に対して、社員の帰宅を抑制するように求める条例を制定しました。翌二〇一三年四月より施行されています。罰則はなく、努力義務ではありますが、こういう取り組みを通して、一斉徒歩帰宅の危険性が認知されることを期待しています。

――ケース・バイ・ケースでしょうけど、たとえば丸一日は待機しましょう、とか？

廣井　東京都は「原則三日」としています。この間、ずっと会社にいるのもしんどいかと思いますが、まあ家族の安否確認が取れれば、少しは落ちついていられるかもしれません。

もちろん、三日というのはあくまでも原則。おっしゃるように、状況によっては短くなることもあるでしょう。

行なった場合の歩行者密度シミュレーション

図2-3. 地震発生時に、東京で半数が帰宅抑制を

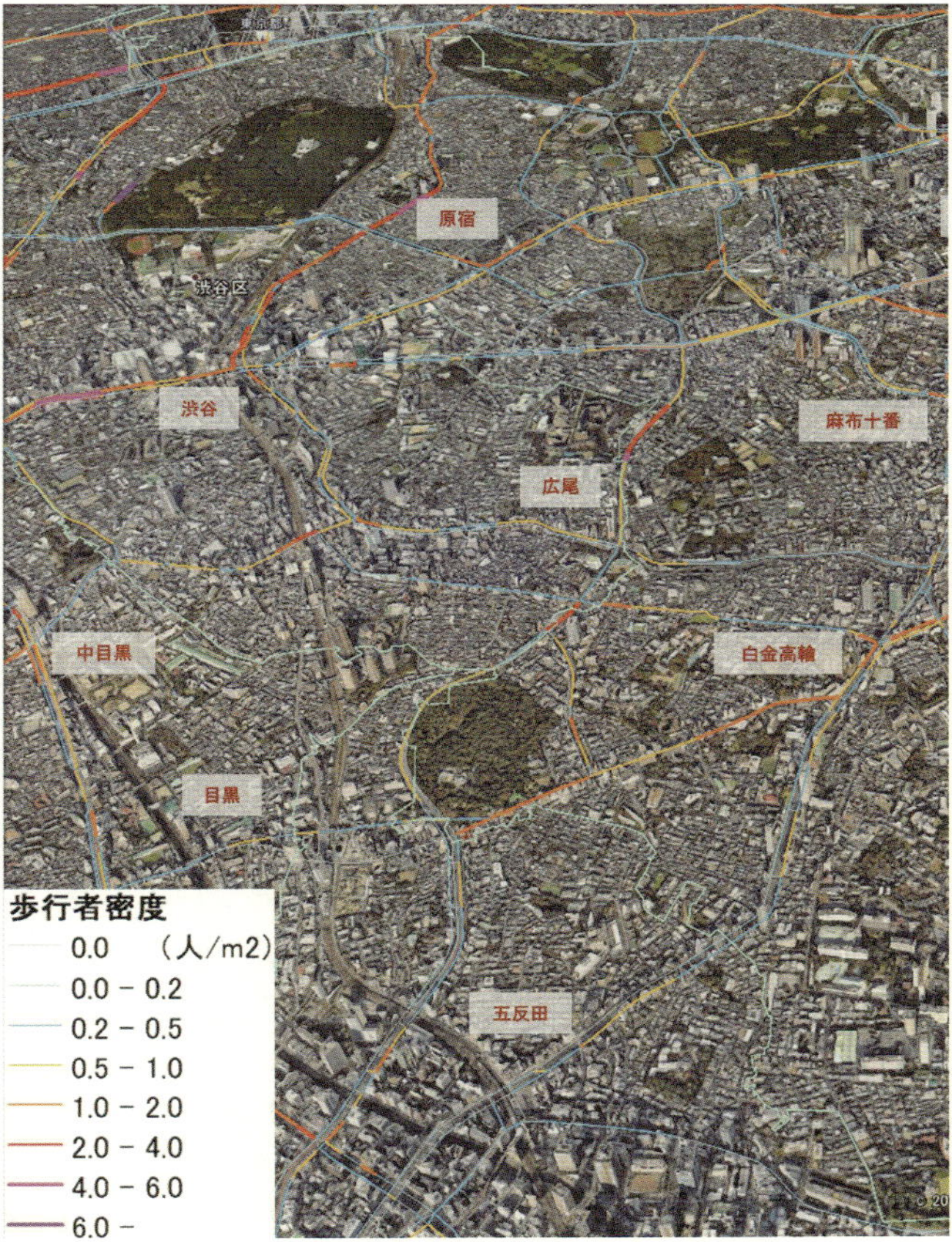

それに問題は、群集事故に留まりません。このシミュレーションは車道の混雑状況も計算できるのですが、歩行者が車道まであふれたり、帰宅困難者が家族を車で迎えに行ったりすることで、都心部で車道の大渋滞が発生し、救急車や消防車の活動を邪魔する可能性も示唆されています。すると、消せるはずの火災が消せない、助けられるはずの傷病者が助けられない、ということになってしまう。もしかしたらこちらのほうが重要な問題かもしれない。

家族のもとに帰宅したい、家族を迎えに行きたいという人間心理は理解できますし、家族心情を考えると、そのような行動は当然と言えますが、それをみんなが実行してしまうと、道路空間が持たない。これが大都市災害の難しさです。やはり救助・救急・消火活動がある程度落ち着くまでは、帰宅を急がないことが望まれます。

どうなる、〝震災疎開〟？

養老　被災して住まいを失った方のなかには、居住地を離れて遠くに〝疎開〟する人も出てくることが予想されています。私が経験したのは、同じ疎開でも「戦災疎開」ですが、南海トラフでは「震災疎開」。過去の震災でもありましたよね。

廣井　古くは関東大震災のときには、東京市内に住む人の三分の一が疎開したと言われています。それで東京市の人口がいったんガクッと減って、一時期は大阪市の人口が一位になっています。もっとも当時の東京市は、麴町《こうじまち》・神田・日本橋・赤坂・浅草・深川などの一五区編成でした。なので、後日そこに豊島区や渋谷区などが編入されて、すぐに一位に返り咲きましたが。

また東日本大震災でも、福島県は言うまでもなく、国勢調査ベースで女川《おながわ》町で三七%、三陸町で二九%と、急激な人口減少が見られました。それだけ多くの方が市町村の境界を越えて、広域に避難もしくは移住した、ということです。

――南海トラフ後も震災疎開をする人は多いでしょうね。廣井先生のシミュレーションではどんなふうになりそうですか？

廣井　私が名古屋大学在籍時代に指導していた学生とともに作成した「南海トラフ巨大地震後の疎開シミュレーション」では、太平洋沿岸部の多くの地域で同一市町村内での仮設住宅の供給が需要に追いつかずに限界に達し、市町村境界を越えた疎開が生じる可能性が明らかになりました。

どこにどのくらいの人が疎開するかは、そもそも被害規模によって異なりますし、いろんなケースがあって計算しにくい部分があるのですが、強い仮定をおいて計算すると、おおむね太平洋沿岸部から内陸部および日本海側、そして首都圏への移動が顕著になるかと思います。また西日本においては、東から西への疎開が生じる可能性もありますね。いずれにせよ被災地域が広域なこともあって、被災地から人がどんどん首都圏や中部、中国、九州の西部地域などに散らばることが予測されました。

ちなみに「疎開シミュレーションによる疎開後の世帯増減率」を示すこの図（図2－4）は、世帯の減少率の高い地域から増加率の高い地域へ疎開する様を表しています。

――疎開する一番の要因は、住む家がなくなる、ということですね。

廣井　はい。地震の被害を受けた人は、遠くに住む家族や親戚、知人の家の世話になる場合などを除き、避難所に行くことが多いです。最近は避難所の容量が持たないことを懸念して、在宅避難を推奨したりもしていますが。いずれにせよ、そこである程度の期間を過ごし、仮設住宅に移ります。日々の生活に戻れるのは、恒久住宅――災害前に暮らしていたようなふつうの家を建てたり、マンションに入居するなどして、仮住まいを出た後になります。

図2-4. 疎開シミュレーションによる疎開後の世帯増減率

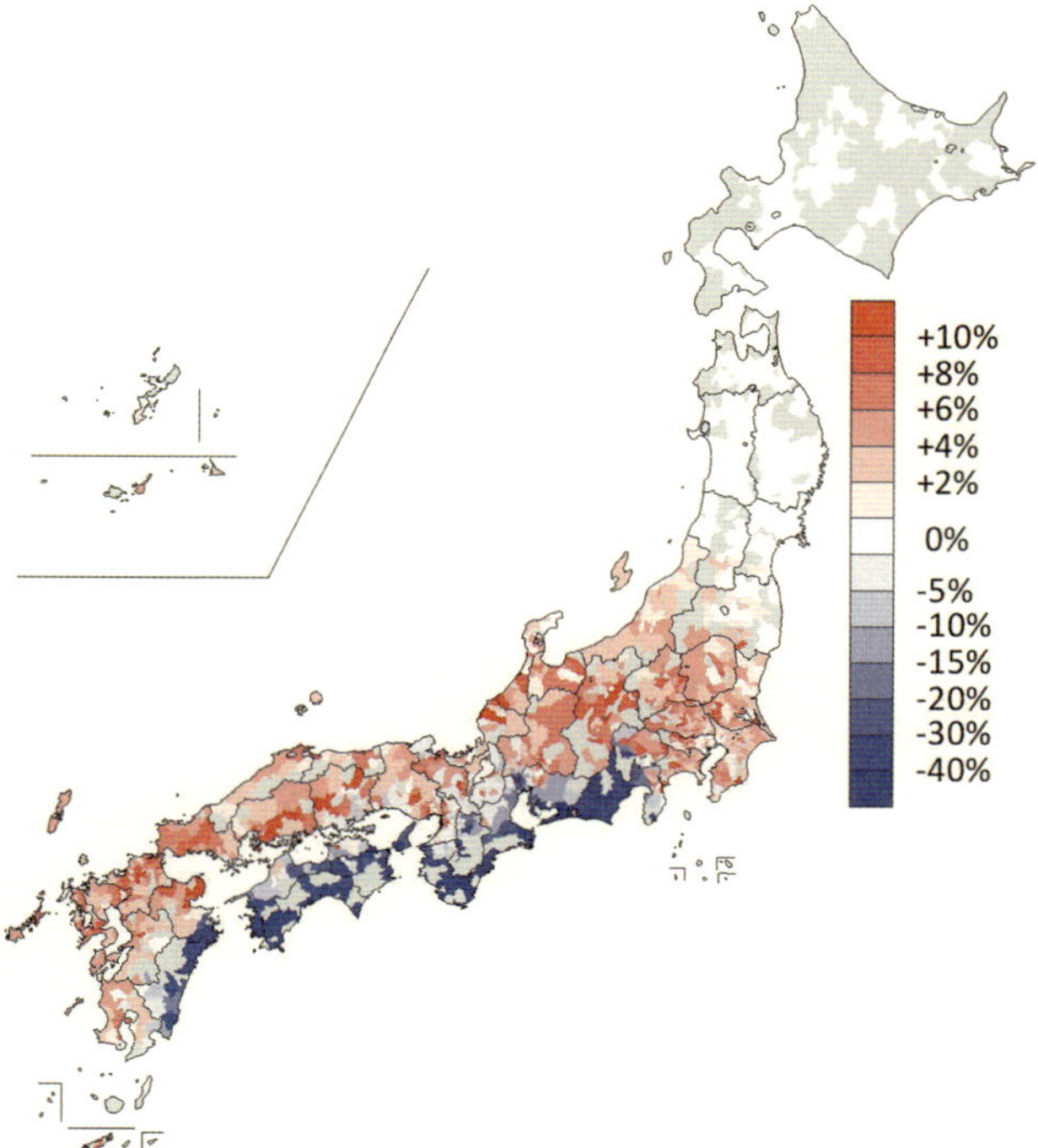

その過程で一番の問題が、仮設住宅の数が足りないことです。南海トラフ巨大地震では被害想定上、最悪で約二四〇万世帯が住まいを失うと計算されていて、それに対して供給可能なプレハブ仮設住宅は五万～一〇万戸と言われているようです。つまり巨大災害に対して、プレハブ住宅の供給能力は全然、足りない。

そうすると、選択肢は「賃貸住宅に住む」、という一択になってしまいます。これは「みなし仮設」と呼ばれているんですが、南海トラフ巨大地震の場合は、ここで困った問題が生じます。というのも、賃貸住宅って、都市部に多いのです。つまり、都市部以外の被災地で住まいを失った方は、都市部の賃貸住宅などに広域的に移動をせざるを得ず、結果、大規模な疎開が発生するわけです。

震災疎開により都市への一極集中が進む

養老 南海トラフに備えて、影響を受ける度合いが比較的低い地域に住宅を用意しておくとか、何かしら疎開抑止の手立てをすることはできませんかね。

廣井 一つ、市場に流通していない空き家を利用する、という方法があります。いま、全国どの地域でも空き家がすごく増えていますよね。総務省が先ごろ発表したデータによると、全国の空き家の数は住宅全体の一三・八％に当たる九〇〇万戸に上るそうです。そんな状況も踏まえて、私たちは「うち二、三割の良質な空き家を震災疎開に使えたら、大規模な移動を抑制できるのではないか」と考え、その場合のシミュレーションも行ないました。

――結果はどうでしたか？

廣井　思ったほどの効果は認められませんでした。広域的な移動はそこまで抑えられず、多少はマシになる、という程度ですね。しかし、被災地の地域特性によっては、戸建て住宅を好む方も多いでしょうから、仮住まいの選択の幅が増えることで、満足度の向上にはつながると思います。

養老　そうですか。以前、尾池先生にも来ていただいた高知のシンポジウムで、隈研吾《くまけんご》さんが八時間で木の家を建ててくれました。こういう家を用意しておくのも、震災疎開を抑える一つの方法だと思いました。

廣井　最近だと、トレーラーハウスのようなものを利用することも考えられていますね。

養老　なるほど。あと疎開は、国内に限らず、外国に向かう人もいるでしょうね。

廣井　いると思います。もう日本はいいや、って。

養老　どこに行きますかね。マレーシアとか、タイとか？　インドネシアなんかも首都をボルネオに移すそうだから、ジャカルタ辺りなら疎開するのにいいかもしれません。海外移住が多くなりそうなら、あらかじめどこかの国と仲良くしておくといいような気がします。

廣井　疎開協定を結ぶ、というようなことですね。海外ではありませんが、国内でも疎開協定のようなものを結んでいる地域はあります。たとえば、「首都直下地震が起こったら長野に疎開させてください。そのかわり、長野の食べ物をたくさん買いましょう」というような取り決めを結ぶなどですね。最近では、地域間交流を目的とした、疎開保険のような事例もあります。養老先生がおっしゃるように、その世界版みたいなものがあってもいいですね。

ただ個人だけではなく企業も、法人税などの税金が安い国に移転してしまう可能性があります。そうなると当然、日本の国力が下がります。なので、発災直後から社会経済を最大限に維持しつつ、海外移転を防ぐという目的で、企業の避難や疎開を政策できちんとサポートする必要もあるかもしれません。企業の避難所とか、セカンドタウンのような発想があってもよいかもしれない。ただし、このような対策をいくら頑張っても、大都市部を除いた被災地域が災害をきっかけに急激な人口減少に見舞われることはおそらく防げない。とにかく被害が物量的に甚大で、きめ細かな支援ができないなかで、働き場所がなくなると住む人は激減します。

養老　そうするとまた、人口が都市部に移ってしまう。

廣井　大いにありえますね。東日本大震災の後に福島から疎開した方にヒアリング調査をしたことがあって、「東京近郊を中心とする関東に住む息子さん夫婦の家で暮らす」と答えた方がけっこういらっしゃいました。孫もいるし、都心部は病院が近く、買い物に困ることもないので、なんだかんだいって便利で住みやすいと感じる方もいるみたいです。ペットがいるとか職業によっても異なりますが。そんなことから、東京や首都圏大都市部への人口の一極集中がますます進む可能性もあるでしょう。

地震の際の「イメージ力」がすごかった二人

養老　あと、疎開の背景には、流通の問題があるのではないでしょうか。戦災疎開だって、「都会には食べるものがない。でも田舎に行けばある」ことが大きかった。

とくに私は鎌倉ですから、最悪ですよ。地元では何もとれないというか、小さな漁村があるだけ。うちの病院に来る患者さんで漁師の人が、「先生、お礼」ってブリの一匹を持ってきてくれるくらいのものでした。当時は保険制度がないから、診察代がわりに魚を置いていってくれる、そんな世界でした。

それに流通が多少回復しても、食べ物でも何でも全部、東京に送られちゃう。疎開するしかない、という感じでした。

――どちらに疎開されたんですか？

養老　いまの相模原市。母の実家の世話になりました。畑があったし、ニワトリを飼っていたし、食べ物はありました。もちろんいかに米軍の空襲が激しくても、そんな田舎まで爆弾や焼夷弾《しょういだん》を落とすほどの余裕はないから、手ひどい戦災は免れました。

それでも終戦直前になると、空襲はありました。それが夜中だと、たたき起こされて、防空壕に走りこむ。そういう非常時を知っている人がどんどんいなくなっているから、よけいに南海トラフのような大震災に対する心の構えができにくいように思いますね。

廣井　いまの人は非常時を実体験として知らないから、巨大災害が起きた後に、生活を継続できないことの怖さをあんまりイメージできないかもしれませんね。

――日本はこれだけ頻繁に地震が起こっているから、多少はイメージ力がついているようにも思いますが。

廣井　これがなかなか。一言で地震といっても、受ける被害は千差万別です。二つとして同じ災害はないので、いざ大地震に見舞われたときにどうすればいいのか、自分事としてイメージするのが難しいんですよ。

とはいえ、イメージ力の高い人はきわめて少数ながら、いらっしゃいます。私たちは、東日本大震災のときに帰宅困難者になった方約二〇〇〇人を対象に「どのようにして帰りましたか」と移動経路や手段や時刻を細かく尋ねるアンケートを取りました。その結果が、先ほどお見せしたシミュレーションに生かされているんですが、その作業と並行して、一〇〇人くらいの人に当日のお話をお聞きしているんです。

実は、その一〇〇人のうち二人だけ、すごい人がいたんですね。どうすごいかというと、震災が起きた日に、その二人の方は東京でホテルに泊まれているんです。どうしてそんなことができたかと言うと、「揺れている最中にホテルに予約の電話を入れた」そうです。つまり、揺れた直後に、電車が止まる↓今日は帰れない↓ホテルが競争状態になる、という災害の連鎖がイメージできていて、予約に至っているんです。巨大地震に遭遇しても、本当に落ち着いて、次に何が起こるかを予想できているんですよね。防災研究者の私ですら、このような落ち着いた行動ができるかどうかは起きてみないとわかりませんが、もし日本人全員が彼らのような高いイメージ力を身につけられれば、死者を一桁減らせるのではないか、とすら思います。

人間の避難行動は〝水物〟

――現状、南海トラフの防災体制は整ってきたのでしょうか。

廣井　精力的に取り組んでいると思います。ただソフト対策のほうに、やや偏重している嫌いがあるように思います。個人的見解ですが。

――ソフトというと、たとえば避難訓練の実施とか、ハザードマップや防災マニュアルの作成、防災教育などですね。

廣井　はい。歴史を紐解くと、南海トラフ地震は過去千四百年の間に、約九十〜百五十年の間隔で発生していると言われます。地震研究者の方によれば、今後三十年以内に発生する確率は七〇〜八〇％とまああ高いそうですね。私は、地震現象についてはそこまで詳しくはないのですが。ただ、次に起きる地震の規模が巨大なものか、それなりに大きいものか、小規模なものかはわかりません。

先ほども申し上げたように、一般的に巨大災害は発生確率が低いのですが、ひとたび起きたときの被害量は甚大です。このような Low-Probability High-Consequence の災害は期待値による防災投資がなかなか判断しづらく、防潮堤整備のようなハード対策が十分にできないかもしれない。なので、東日本大震災後には、「数十年から百数十年に一回程度の頻度で発生する災害（L1災害）はハード対策で防ぎ、数百年から千年に一回程度の低頻度災害（L2災害）はソフト対策も含めた多重防御で防ぐ」などと言われました。

養老　行政としては、規模は中程度で、わりと頻繁に起こる災害のほうが、ハード対策にお金をかけやすいんでしょうね。

廣井　投資効果を発揮する可能性が高いことは目に見えてわかりますからね。たとえば昭和二〇年ごろって、台風被害で毎年、一〇〇〇人、二〇〇〇人の方が命を落とすような時代でした。また、都市大火も頻発していました。それで治水事業を進め、どんどん堤防を整備するなどして、一方で都市の難燃化も進め、災害による死亡者数が激減しました。中規模災害からは、都市がハード的にそれなりに安全になった、ということです。

養老　おっしゃる通り、ハードの観点から言うと、建物の耐震化を進めるとか、首都圏はよくやっている、という印象です。

私の住む神奈川でも、「ここで火災が発生したら、どうなるんだろう」と、想像しただけで怖くなるようなところはかなり減りました。

東京だって、以前はボロボロの家がたくさんありました。震度六どころか四ぐらいで潰れちゃうんじゃないの?って思うようなね。

廣井　東京は開発圧力が高く、市街地更新が容易なので、その辺りの対応は早いですよね。

養老　地方都市だと、そうはいかない。

廣井　ええ、いいかどうかは別にして、東京なら密集市街地を全部壊して大きなビルを建てるとか、更新する方法は選択肢としていろいろありますが。いまは一部を除いて「床面積なんていらないよ」という時代ですから、地方都市は大きな建物を造りたくても事業採算性が合いません。入居するテナントさんが少なく、事業費を賄えないでしょうから。

――話を少し戻して、ソフト対策についてもう少し聞かせていただけますか？

廣井　そうですね、近年はハード対策が進んだおかげで、一〇〇〇人以上の方が亡くなる中規模災害が減りました。結果、現在では、一〇〇人クラスの小規模災害か、数万人クラスの大規模災害かに、災害現象の質が二極化しているとみています。

そんななかで、先ほど申し上げたように、「ハード対策は必要だけれど、巨額の投資をするには限界がある」ことがネックになってきます。極めて稀《まれ》な現象に対して、ハード整備を充実させることはなかなか難しい。だからこそソフト面からの対策がより重要性を増しているのです。

具体的には、国民一人ひとりが有事のときは即座に、とにかく命を守る行動が取れるようにすることです。たとえば、ハザードマップなどにより「居住地域のどこにどんな危険があるか」を知っておく。「どういう経路で、どこへ避難するか」「家族間でどのように安否確認をするか」といったことを決めておく。あるいは地域の防災訓練に参加する。そういった備えをすることで、各自が防災意識を高めることが求められます。

それはいいとして、問題は「人間の避難行動は〝水物〟だ」ということです。東日本大震災時にもみられましたが、たとえば揺れで防災行政無線が壊れて、災害情報が得られなかっただけで、迅速な避難は難しくなる。予想していなかったことが起きると、たちまち混乱します。

そもそも、確率的に稀な現象は、災害経験も乏しいわけです。再現期間の長い現象に対して、適切な行動が必ずしも取れるわけではありません。ソフト対策というのは、ハード整備に比べてお金がかからなくていいのですが、L2災害をすべてソフト対策で対応しようとすると、おそらく大失敗します。そこが最大の弱点でしょうね。

「減災まちづくり」への取り組み

――廣井先生は広域災害である南海トラフ巨大地震への防災対策として、都市圏レベルで取り組む「減災まちづくり」を提案されています。どういうご提案ですか？

廣井　一言で言うと、南海トラフのような大規模災害から名古屋・大阪をはじめとする大都市圏を守るためには、自治体の枠組みを超えた総力戦で臨むべきである、という考え方です。

というのも一九五九年に起きた伊勢湾台風の二年後に制定された災害対策基本法で、大災害への対応は基本的に基礎自治体（市町村）が行なうことに決まったのですが、その枠のなかでは対応できない課題がたくさん出てきているからです。もっと広域的な視点から被害を極力減らすことを考え、居住機能の配置や産業の持続性に焦点を当てて、都市計画はどうあるべきかを提案していきたいと、研究に取り組んでいます。

たとえば「ここは産業の拠点だから、そこはがっちり守る。ほかの地域は田園風景を残しながら自然的な土地利用を進める。それによって都市への人口の集中を抑える」といった具合に、都市圏レベルでの役割分担があってもいいと思うんです。

これは復興にも通じる考え方です。大規模災害が発生したら、すべての地域を均質に復興させ成長させるのは、今後の国力や地域社会の疲弊も考慮すると、不可能に近い。それぞれの地域がこれまでとは別の生き方を模索しておく必要があります。人口減少社会に社会インフラを維持していこうとすると、居住機能をどこかに集中させて、市街地をコンパクト化していこう、という考え方がどうしても必要になります。そのために自治体同士がワークショップなどで、広域的なまちづくり構想に基づいた役割分担を、被災前に議論しておく必要があるかもしれません。

――減災まちづくりを進めることが、同時に復興後のまちづくりにつながる。だから事前に決めておくことが大事である、ということですね。

廣井　そうです。そもそも、これからの理想的な都市像は、富も人も集中させるという、二十世紀的な価値観だけではないはずです。まちを災害から守ることと並行して、これからどのような都市を理想とするか、被災をきっかけに円滑な転換を果たすために、きちんと平時から議論しておくことが必要です。そしてその議論は、防災だけではなく、まちのあらゆる課題解決のきっかけになりうるかもしれません。

養老　住民のなかに、地域の安全に対する意識が高く、かつ行動する人物がいると、非常に心強いですね。いまの役割分担のお話を聞いて、知り合いの岸由二さんを思い出しました。

――慶應義塾大学の名誉教授で、養老先生は十数年前に『環境を知るとはどういうことか　流域思考のすすめ』（ＰＨＰサイエンスワールド新書）で対談されていますね。

養老　その岸さんは鶴見川の河口に住んでいて、年中、洪水で家がやられると困っていた。何でも昭和三〇年代初めの鶴見川流域は、市街地が一〇％程度だったのに、とんでもない勢いで広がり、わずか五十年で八〇％を超えるまでになったそうです。

市街地化されると、それまであった田んぼや雑木林がコンクリートに変えられます。雨が降ると、当然、雨水が土にしみこまなくなります。そのために多くの家が大雨のたびに水没する被害を受けていたんです。

それで岸さんは行政とともに、水害対策に乗り出しました。いま日産スタジアムがある新横浜公園は、川の増水分を一時的にプールする遊水地になっているんですよ。かなり壮大な話ではありますが、ずっと鶴見川河口に住んでいる岸さんのような人がいたからこそ、災害を我が事と捉え、防災にもつながる環境保全活動ができたのだと思います。

さらに岸さんは、それ以前に、三浦半島にある小網代《こあじろ》で浦の川の流域一帯の保全活動にも取り組まれました。十年かけて小網代の干潟や生態系を守り、大規模開発でゴルフ場にされそうなところを救ったんです。

防災対策はやりたくないもの

――南海トラフに対して、一般家庭ではどういう対策をしておくといいですか？

廣井　私の主観ですが、事前対策として重要なのは、やはり命を守る対策です。具体的には、建物の耐震化と家具転倒防止対策、起きた後は避難と消火。この四つが、どの地域にも共通の重要にして基本的な対策ではないでしょうか。

ほかにも必要な対策はありますが、地域や個人の事情によって異なります。それを行政が個人に合わせて一人ずつ指南するのは現実的ではないでしょうね。本人が意識をもって、「南海トラフ地震が起きたら、自分の周りはどういう状態になるか」をイメージして対策していただくしかないところです。先ほど触れた「イメージ力」ですよね。

でも人間って、本音を言えば、防災対策をやりたくないんですよ。

養老　まあ、そうでしょうね。正直に白状すると、私も何もしてません。地震そのものをあまり怖がっていないと言いますか、地震があってもうちはあまり揺れないんです。震度三程度の地震でも、「え、いま、揺れた？」という感じで。

廣井　それは地盤がいいんですかね。

養老　山を削ったところに家を建てているんですが、地面を掘ると、下が岩のようです。

廣井　そういう地域性によっても、対策の立て方は違ってきますね。あと、行動経済学で言われているように、人は不確実な未来に対して、お金をかけない動物です。地震がいつ発生するかも、それで家が倒壊するかどうかもわからないから、どうしても腰が重くなる。これはおそらく、人間の本能です。

そこでポイントになってくるのが、防災対策をやりたくない人に対して、どうアプローチしてやる気を引き出すか、ということです。

その一つのやり方として挙げられるのが、「対策をしていないと、恐ろしいことになるよ」と伝える方法です。

これに関して、私も出演させていただいたNHKスペシャルの番組映像を使って、NHKエデュケーショナルさんと共同で興味深い実験をしたことがあります。これは関東大震災からちょうど百年の節目で組まれた特集なのですが、現在の最新技術を使って関東大震災時の被災映像を8Kカラー化するというものです。実験では、この素材を使って、二種類の被災映像を被験者に見てもらいました。具体的には、一つのグループにはモノクロの低画質の映像、もう一つのグループには8Kの高画質のカラー映像を見てもらい、彼らが三カ月後にどんなふうに防災対策をしたかを調査したのです。

ふつうに考えれば、カラー映像のほうが、当時の状況や避難する人たちの表情をリアルに受け止められますよね？　それだけ恐怖感も大きいはずです。しかし予想に反して、モノクロ映像を見た人たちのほうが〝怖がり度〟は大きかったようです。カラー映像ほどのリアリティがない分、恐怖感が増したのかもしれません。

その効果があってか、防災対策を実行した人が多いのは、なんとモノクロ映像を見た人たちなのです。ただ彼らが行った防災対策の具体的な中身もお聞きしたところ、モノクロ映像視聴者は映像でインパクトが強かったと予想される、火災対策や避難生活に関する対策ばかり行なっているのです。一方でカラー映像を視聴した被験者は、安否確認や地震保険、ハザードマップの確認など、本人の状況に応じて多種多様な対策を行なっています。

こういう結果が出ると、恐怖心を煽ることによる自己啓発の限界を感じます。恐怖に基づく防災啓発は、強い恐れを想起させるがあまり、イメージが固定化しすぎてしまい、柔軟な思考ができなくなる可能性もあります。軽い洗脳状態と言えるかもしれません。一方、カラー映像を見た人たちは、リアルな映像だからこそ冷静に受け止められたのでしょう。家族で安否確認の取り決めをするなど、映像には出てこないところまで踏みこんで、対策をした方が目立ちました。

養老　何につけ人間には、恐怖心を感じて初めて、守りの態勢を取るところがありますからね。それをやり過ぎると、逆効果になる場合もあるし、難しいところですね。うちも最近、危険区域に指定されました。これもある種の〝怖いぞ、怖いぞ効果〟になるでしょうか。揺れはともかく、近くの裏山の土砂が落ちてくる可能性があるようです。

廣井　ああ、土砂災害ですか。心配ですね。

養老　地震より大雨のほうがね。鎌倉時代からずっと落ちてないんだから大丈夫だろうと言う人がいる一方で、市は「だからそろそろ落ちそうだ」と警戒しています。

水の流れから見ると、うちとは別の方向に流れていきそうですが、私もそこまで詳しくはないので、よくわかりません。プロの方ならわかるんでしょうね。

お祭りをやっている地域は防災に強い？

廣井　場所にもよりますけど、その地域に代々、古くから住んでいる方の中には、地勢や災害の歴史に詳しい方もいます。そのような方が多い地域だと〝土地の記憶〟が受け継がれているし、災害の教訓も積み上がっていきます。

翻《ひるがえ》って東京はどうでしょうか。もはや地域社会としても、個人としても、「災害の経験がない」と言っても過言ではありません。十八歳や二十二歳で上京する方も多く、このような方々は災害を含む町の歴史を知らない。
水の流れ一つ取っても、いまは暗渠《あんきょ》だらけで、川の姿すら見えませんものね。道がくねくねしていて、ちょっとじめっとしていると、「もしかしたら、この下に水の道がある?」などと気づく程度でしょう。

養老　住民って何なんだ、っていう話です。荻生徂徠《おぎゅうそらい》がね、『政談』という本のなかで「武家御城下に集り居るは旅宿也」と書いています。江戸時代からすでに、武士をはじめ東京に住む人はホテル住まいの人間みたいなもので、土地に根が生えていなかったのでしょう。

廣井　首都圏全般に当てはまりそうです。たまたま利便性が良くて、予算に合う家が買えたからそこに住んでいる、という人が多いように思います。
それだけに住民同士が助け合うのは難しい。たとえば隣におじいちゃん、おばあちゃんが住んでいることさえわかっていれば、「大丈夫ですか?」と声をかけることもできますが、知らなければそれまで。助け合いが機能しません。地縁型コミュニティが崩壊しつつある、という見方ができます。せめて隣近所の方の家族構成くらいはわかっていなくてはね。

何も防災に特化していなくてもいい。ときどき住民が集って何かをやる、そんなベースになるコミュニティがあれば十分です。実際、お祭りをやっている地域って、住民同士に顔の見える関係があるので、防災活動もうまくいくんですよね。近年は、比較的関心の高い「防災」をきっかけにして、衰退したコミュニティを再構築しようといった事例もあるようです。たとえば、マンションを新築して住民が入居した直後に防災訓練をする、などがそれに値するでしょうか。わたしはこれを「防災からまちづくり」と呼んでいますが。防災をうまく使って地域の力を底上げする、という視点も一つのやり方です。ですが、やはり一部の都市部におけるコミュニティ力には課題がありますね。

養老　地域のつき合いを全部、お金に換えていったんだね。隣近所の人たちが助け合うことができないから、災害への備えに保険をかけておこうという人が増えたんでしょう。

一方で、いまも昔も田舎によくあるような濃い人間関係には抵抗がありますよね。うちの母なんか、それがイヤで田舎から都会に出てきたんですよ。そういうのとは違う、もう少しカラッとした共同体だといいんですが。

それは、地方の若い人も同じでしょう。坂口安吾が書いている昔の農村のように、狭い地域に閉じこめられて、人間関係で縛られて一生を終えると思うとイヤになりますよ。そうじゃなくて地域の人に「君たちに将来を担ってほしい」と望まれて、いずれ帰って来ることを前提に、とりあえず一度都会に出て、大学生活を送る。そういう社会ができるといいなと思っています。

たとえばこのところよく行く隠岐島《おきのしま》がそう。あるとき、隠岐島前《おきどうぜん》高校が松江の高校と統合して、島からなくなってしまうかもしれないという危機が訪れたそうです。島で唯一の高校がなくなってしまえば、島で育った子どもたちは十五歳で島から離れることになります。そうなったら「ここでは子育てができない」と、一気に人口流出が加速するのでないかと、島の人たちは危惧したそうです。

そこで島の人たちは寮をつくって、日本中から、島への移住の希望者を募ったんですね。すると多くの応募者がいて、高校消滅の危機は免れることができたそうです。

隠岐島の高校生に話をする機会があったのですが、彼らの顔を見て、「ああ、これはもう大丈夫だ」と思った。女の子を含めてみんな、真っ黒な顔をしていたんです。

彼らは高校まで島で過ごし、島の外の大学に通うのですが、結構な割合でまた島に戻ってくる。そして島で子育てをするみたいです。

廣井　都市部や外国に出て、移動先の価値観を身につけると、故郷のすばらしさを再認識することってありますよね。静岡県の富士宮やきそばは、その典型例でしょう。Uターンで故郷に戻った人が、地域の人たちが当たり前に食べていた富士宮やきそばを観光資源として目を付け、町おこしに活用したと聞いています。

「観光資源は富士山だけ」という従来の固定観念のみに囚われるのではなく、新しい視点を持った人を意図的に生み出して、彼らが新しい産業を生み出す、そんな社会がいいですね。行政がそういう動きを促す施策を打つ必要がありそうです。

インドネシアのシムル島民を救った子守歌

廣井　よく「東日本大震災を境に、日本人の意識が変わった」と言われます。本当にそうでしょうか。いまの地縁型コミュニティづくりの話もそうですが、じつのところ、十年以上が経ったいままでは、あまり変わってないような気がします。

たぶん忘れちゃうんですね。現に災害の歴史をたどれば、まさに忘却の繰り返しです。

古くは一九三三年に昭和三陸地震が起きたとき、「津波が来る場所に住まないようにしましょう」「警報システムを強化しましょう」といった教訓が得られたそうです。その五十年後、一九八三年に日本海中部地震が起きたときもそう。「迅速な避難行動が重要である」「市町村による積極的な避難の呼びかけが必要である」「災害体験の風化を防ぐことが必要である」なんてことが教訓となっている。まさに東日本大震災の直後と同じようなことが何十年も前に言われていたんです。おそらく南海トラフ巨大地震で大きな被害となっても、変わらないかもしれません。「人類は進歩しているのだろうか」と疑いたくなるくらいです。

でも当然と言えば当然。百年に一度の災害となると、ご先祖様がどういう行動をとって、どんな教訓を得たかなんて、ふつう、百年後を生きる者にはわからないからです。もちろん忘れること自体は、悪くはありません。つらいことがあっても幸せに生きていけるのは、人間に「忘れる」という優れた機能が備わっているからだとも言えます。ただ大きな災害については、「だから、忘れてもいい」とはなりません。「だから、人間が忘れることを前提にした制度」をつくることが重要なのだ、私はそう考えています。

——忘れない仕組みをつくる、とか?

廣井　災害で得た教訓を生活のなかに溶け込ませる形でしっかりと継承できるよう、まちづくりや制度、ルールなど、物質的なものにちゃんと残す、ということです。

その典型例が「津波てんでんこ」。明治三陸地震（一八九六年）の教訓と言われています。「津波が来たら、各自てんでばらばらに逃げましょう」という標語のようなものですね。この標語は、生存者の自責感の低減という機能があるとも言われますが、自分の命は自分で守るという大原則が行動ルールに落とし込まれ、人的被害、ひいては一家全滅を減らすことに役立ちます。

インドネシアにも似たような例があります。二〇〇四年にスマトラ島沖で大きな地震が発生したとき、震源近くに位置するシムル島では津波で亡くなった方は僅か七名だったそうです。地震が起きてすぐに津波が来て、約一万四〇〇〇戸の家が壊されたにもかかわらず、です。

なぜなのか。この地域は、百年ほど前に発生した地震津波で数千人クラスの死者が出たそうです。なので、その教訓を子守歌に落とし込み、「スモン（津波）が来たら山へ逃げよう」と歌い継いできたといいます。つまり教訓を子守歌という形に落とし込んで、子々孫々のＤＮＡに刻まれていたから、被害を減らせたと言えるでしょう。

養老　年寄りの仕事ですね、語り伝えていくというのは。

それで思ったのは、災害に限らず、歴史の事実をちゃんと言葉にかえて残さないのは、日本の根本的な思想と関係しているのではないか、ということです。『古事記』は語り部が伝えてきた読み物のようで人気があるけれど、『日本書紀』は形式ばっていておもしろくないと思ってしまうのではないか。

日本には本当の意味でドキュメントがないと言っていい。官庁では平気で公文書を改ざんするし、陸海軍は戦争が終わったとたんに戦時中の記録を燃やしちゃうし。そのかわりと言っては何ですが、庶民が日記という形でプライベートの記録を、ドキュメントとして残しています。ドナルド・キーンさんが「日本兵はみんな日記を書いていたから、それをチェックするだけで、軍事の歴史的事実がわかった」って言ってました。

災害の教訓も、公の文書頼みにせず、庶民が語り伝えると同時に、きちんと文字に残すことが大切だと思いますね。

――復興のポイントは「事前に決めておくこと」――

――復興のグランドデザインについてお聞かせください。養老先生は南海トラフを機に、どのような日本をつくっていくのがいいとお考えですか？

養老　いつも言うんですが、私は「つくる」という考え方をしません。「ひとりでにできていく」のだと思っています。いまの我々の常識では計り知れないですよ。

一つ言えるのは、被災地を元に戻す「復旧」に向かうときに、いままでと同じような相変わらず災害に弱いものにするのではなく、まったく新しい社会をイメージしたほうがいい、ということです。

廣井　先生がおっしゃった工夫を、国土レベルでやっていく必要がありますね。南海トラフは百年に一度くらい定期的に発生するとわかっているようですから、次だけではなく、次の次を見越して備えることがとても重要でしょう。

その過程で難しいのは、それぞれの地域がどこかの時点で、生きる方向性をガラリと変えないといけないことです。たとえば「うちの地域はもう産業集積地域ではもたないので、これからは観光地として生きていく」といった具合に。わが国は運動会での危険な組体操をなかなかやめられない国ですから、慣性の法則が強い。災害現象は特に希少性が高いので、なかなか変革が進まない傾向が強いですが、被災をきっかけに思い切って抜本的な変化を志向することが求められます。そんなふうに変化する力のことを「トランスフォーメーション」といいます。

養老　そのトランスフォーメーションを南海トラフ後の復興に使うんですね。やはり廣井先生がおっしゃったように、ポイントは事前に決めておくことでしょう。でないと、災害直後は原状復帰の要望が強くて、変化を促すことがいっそう難しくなりそうです。

廣井　本当に。事前復興計画として地域のビジョンづくりをしていくときには、若い人に積極的に関わってもらうことも大事です。そのためには、先ほどのUターンの話とも関連しますが、一度都会に出た若者たちが、故郷への愛着を失わないようにしないと。

養老　まずは「ガラッと変わるよ。だから君たちの力が必要なんだ」って、若者たちを焚《た》きつけることですね。もう変わらざるをえないんだから。

「必要なものは自分でなんとかする」という幸せ

養老　あと、先ほど「減災まちづくり」で話題になったように、いまより遥かに地方分散型の社会になるだろうことは予測できます。その変化の一環で、日本の各地域が農林水産業という根本に戻るという選択肢があると思いますね。

もう二十年ほど前になりますが、農林水産省の委員をしていたときに、「昭和二〇年代（一九四五〜五四年）の国民一人当たりと同じだけのカロリーなら、国内で確保できる」と聞きました。でもいま、日本の食料自給率は四〇％にも満たない。大災害が起きて食料の輸出入が全部止まったら、どうするんですか。国は知恵をしぼって、国民の食べるものを自前でまかなえる状況をつくらなくてはいけません。

よく言うのですが、身体は頭では簡単にはコントロールできないから、どうしても盲点になってしまう。そこを現代人は、頭で押してきたんですよ、ずっと。だから、自分たちの食べるものは、誰かにつくってもらうほうが効率的だ、という発想になる。

その発想で犠牲になるのは、子どもたちではないでしょうか。子どもの幸せって、「身体にとって必要なものは、自分でなんとかする。自分の身体を使って、自分でつくる」、そんな生き方の中にあると思うのです。

いまの人は、子どもの幸せを、やっぱり経済で考えてるんですね。「大学卒業まではお金を出す」とか。悪いとは言わないけど、「幸せ」って、そういうことじゃないでしょ。もうちょっと子どもの時代がハッピーであったほうがいいのではないか。

今の大人は、子どもの期間を大人になるための準備期間と考えています。でも本当は、子どもは「子ども」という人生を生きています。その時期がハッピーでないということは、人生がハッピーではないということでしょ。そう思ってないんですよ、今は。子どものとき辛抱しても、大人になりゃいいことあるよと教える。それで登校拒否になって、フリースクールに通うことになる。バカみたいなものだと思ってしまいますね。

もうちょっと、必要なものを自分で何とかするって社会に変えていったほうが、みんなハッピーになるんじゃないか。「生きがい」とか、変なことを言わなくて済みます。

そういう意味では、南海トラフはそれまで厳然としてあったシステムから逃れられるチャンスになる可能性がありますね。人が地方にバランスよく分散して、地域的に自給できる社会がたくさん出てくるかもしれない。ひとりでにそうなっていくのが望ましいと思っています。

防災も復興も「余裕を設計する」ことが重要

廣井　日本は明治維新後の富国強兵と第二次大戦以降の高度経済成長時、経済と科学技術を一つの拠り所にして、一心不乱に進んできたように思います。ちょうどその時期に日本の人口は急激に増加した。しかし、いまや人口は急激に減少する時代です。高齢化も進み、生産年齢人口の減少で、経済成長は停滞します。そこに南海トラフ巨大地震のような大規模災害が起きたら、急激に貧しい国になってしまう可能性があります。だからこそ、まだ辛《かろ》うじて国力が残っているうちに、事前防災をしておかないといけない。ただ、それができなかった場合、被災時にもたらされる貧困に、日本人は耐えられるかどうか……。

養老　鎖国でしょうね。日本人は人と比べる癖があるから、見えないようにする。外を見なければ、それなりにハッピーでいられます。

廣井　たしかに、日本は世界的に見ても相対的に幸福度が低いです。幸せを相対的に捉える傾向があるかもしれません。それも経済的な要素が、かなり強調されているように思います。そういう意味では、幸せの基準を再定義することが重要でしょう。先ほど養老先生がおっしゃったように、経済だけではない、物質的なものではない幸せもありますよ、ということですね。

養老　そうです、いまは社会に「人の心を落ち着かせる装置」みたいなものがないんです。たとえば近年、とくにコロナ以降、葬式がどんどん簡略化されています。それは、お坊さんの仕事が減る、というだけの問題じゃあない。故人を悼《いた》む気持ちの受け皿が消えてしまった、ということです。

批評家の東浩紀さんが安倍晋三元首相の国葬のときの話をしていましたが、あの日献花に訪れた一般の方は会場の武道館に向かって手を合わせることしかできない。長蛇の列に並んだ後の行き場がなく、大半が靖国神社に流れたそうです。

国家が宗教的活動をすることは禁じられているからしょうがないとはいえ、そんなところにも日本人の心の荒廃が感じられます。極端に言えば、「安倍さんの葬式をどうするかを考えたって、お金にならない」という気持ちの現れですよ。

廣井　無駄を嫌うんですよね。無駄というのは、一方で災害時を考えると「余裕」とも解釈できます。あえて社会に無駄を設計したほうが、災害のような外からの力に対しても自律的に安定するのではないでしょうか。

というのも科学技術が進めば進むほど、ここは無駄、ここは必要というふうに切り分けることが「数字上は」可能になります。そこにコスト削減の思想が入れば、無駄を省いてギリギリを狙うようになり、かえって危険になる場合があるからです。

たとえば私は建築構造の研究室で四年間准教授をしていたんですが、建築物の安全基準は、技術がいまほど高くない時代には「ちょっと余裕を大きく取っておこう」と安全に関する余裕度を十分に取るやり方で設計されることもあったそうですね。ところが技術が進んだいまは、ギリギリを狙える。そのために、設計外力をちょっと上回った現象に直面すると、多くの建物が壊れてしまうという。余裕を無駄と解釈すると、効率優先主義に陥って、かえって危険が増す、そういう構造が社会にあると感じます。

養老　いまのお話で、ゼロ戦を思い出しました。きちんと操縦桿《そうじゅうかん》をつくると、その設計通りに飛行機が反応しちゃう。そこに遊びが入っていると、人間の力で微妙な動きがコントロールできるから、かえって危険を回避しやすい。

廣井　それと同じですね。過去の地震災害においても、ここにもう一本無駄な道路をつくっておけば、災害対応や救援の状況はかなり違っていたのではないか、と思う事例がたくさんあります。

翻って南海トラフを考えると、「防災対策も災害対応もＡＩにやらせましょう」という世の中になりすぎないよう警戒しなくてはいけません。最近ではＡＩの時代を迎えて、ＤＸ――デジタル技術で社会や生活の形を変えることが可能になってきました。防災の世界でもＣｈａｔ　ＧＴＰのように、「過去の教訓をデータベース化して引き出し、対応策を出しましょう」という対策が進んでいます。私自身も、災害対応をＤＸで解決しようとする研究を実際にしています。

けれども次に起きる災害って、過去の災害を復習するだけではダメなんです。未経験の状況に対して、人間がいかにもがいて知恵を出していくかが重要。すべてを機械任せにしては、災害対応の余裕が失われる。ＤＸって、ともすれば、人減らしのために使われかねないと感じています。でも、そのような使い方は絶対に避けるべきです。私はＩｏＴを使った研究をしていながらも、一方でそこに警鐘を鳴らしています。機会と人の利点を、最適化した災害対応を実現すべきであると考えています。

養老　防災対策も復興デザインも根っこは同じ。「余裕を設計する」という視点を持って、事前にしっかり計画することが一番のポイントですね。

第三章

巨大地震後の日本経済

デービッド・アトキンソン
×
養老孟司

David Atkinson / YORO Takeshi

【デービッド・アトキンソン】 小西美術工藝社代表取締役社長。元ゴールドマン・サックスアナリスト。裏千家茶名「宗真」拝受。一九六五年、イギリス生まれ。日本在住三十四年。オックスフォード大学「日本学」専攻。ゴールドマン・サックス金融調査室長として日本の不良債権の実態を暴くレポートを発表し注目を集める。二〇一四年より現職。社寺建造物美術保存技術協会会長なども務める。二〇二四年、文化庁長官表彰。著書に山本七平賞を受賞した『デービッド・アトキンソン 新・観光立国論』、『給料の上げ方』（以上、東洋経済新報社）、『国運の分岐点』（講談社＋α新書）など。

なぜ日本から離れなかったのか

養老　鎌倉へようこそ。ご無沙汰しておりました。

アトキンソン　本当ですね、何年ぶりでしょうか。久々にご自宅にうかがい、さっそく奥様にお茶をふるまっていただきまして、ありがとうございます。

養老　それは良かった。〃お茶つながり〃と言いますか、家内のほうが先にアトキンソンさんと知り合ったんでしたね。茶道を始めて、もう何年になりますか？

アトキンソン　裏千家に入門したのは一九九九年ですから、そこから数えてもう二十六年になります。二〇〇六年には、「宗真」という茶名を拝受しています。

入門当時はまだアナリストとして活動していましたが、経済界の付き合いしかなくて日本人不信に陥るくらい、身心をすり減らしていたんですよ。バブル後に銀行が抱えた不良債権問題をめぐって、私が彼らにとっては耳の痛いレポートばかり書いたものだから、衝突を繰り返していたんです。

――日本の不良債権は二〇兆円に上るという実態を暴いた、あのレポートですね。

アトキンソン　そうです。後にそれどころではなかったことが明らかになったんですが、そのときは反発される一方でしたね。それで「気分転換になれば」という軽い気持ちで……いや、違うな、「ゆったりした時間の流れに身を浸したい」と渇望して、藁《わら》にもすがる思いで茶道を始めることにしたんです。

養老　お茶はどうでしたか？

アトキンソン　来日から十年身を置いた金融の殺伐《さつばつ》とした世界から離れて、茶道のお稽古に没入する時間を持てた。そのおかげで、大学二年生まで夢に見ていた日本文化の素晴らしさを再認識する思いでした。

いつしか、日本を去ろうという気持ちもどこへやら。気分はすっかり「親日」に変わっていきました。

――その気持ちが、全国各地の文化財修理を手掛ける小西美術工藝社の経営を引き受けることへとつながったんですか？

アトキンソン　ちょうどそのころ、先代社長の小西美奈さんと知り合ったんです。軽井沢の別荘がお隣同士というご縁もあって、親しく交流させていただきました。その流れで、彼女から「小西美術工藝社の経営を見てもらえないか」と打診されたのです。

ただ四十二歳でゴールドマン・サックスのアナリストを引退し、京都の町家でお茶ざんまいの贅沢《ぜいたく》な隠遁生活を送っていたころのことで、仕事に復帰する考えはなかったんですよ。でも「一度、文化財を修復している現場を見てみてください」と言われ、一も二もなくその誘いに飛びつきました。日本文化の虜《とりこ》になっていた私ですから、こんな申し出に心が動かないわけはない。

養老　まんまと乗せられましたね。

アトキンソン　まんまと。その後もいろんな現場を見学させてもらって、気がついたら、文化財の世界にどっぷりはまっていました。

――小西美術工藝社と言えば、大社や神宮など最上位の神社仏閣のうち、八〇％を顧客としています。創業が江戸時代初期、寛永年間という、文化財修復業界のガリバー企業です。そんなすばらしい会社の経営を任されるなんて、大変な誉れですね。

アトキンソン　蓋を開けてみると、倒産寸前の大赤字で面食らいましたけどね。

養老　いろいろご苦労もあったと推察しますが、見事な経営手腕を発揮されました。また近年は、日本の新しいグランドデザインに関わる数々の提言をされています。

私はこのところ、南海トラフ後に復興のグランドデザインをどうするのか、気になってしょうがないんです。そんなこともあって、今日はぜひアトキンソンさんのお考えをお聞かせいただきたいと思っています。

日本には「事前対応」という発想がない？

アトキンソン　いまさら言うまでもないことですが、日本は地震大国ですから、常に巨大地震により致命的な被害を受けるリスクを抱えています。「毎年のように」と言ってもいいくらいの頻度で大きな地震が発生しているのに、政府はあまりにも無防備だと思いませんか？

東北と熊本で地震が起きたときに、いろいろ勉強してすごくびっくりしたのは、復興庁って地域限定・期間限定なんですね。そのために、東北の地震で用意されたものが熊本では使えなかったと聞きました。

災害対策を専門とする省庁が常設されていないこと自体、驚きですよ。日本にこそ必要なものなのに。

――先般、ようやく石破茂首相が「防災庁設置準備室」を発足させましたね。

アトキンソン　本気で取り組んでほしいですね。それにしても二〇二四年の衆議院選挙だって、どの政党も「防災・減災」を公約の柱に据えてさえいませんでした。「徹底した災害対策」とか、お題目のように唱えるだけで、実効性がともなわない。

養老　それこそ本気じゃないんだね。気候変動や環境問題もそうだけど、自然災害については触れていないのも同然です。行政は本気で取り組む気がないんですよ。

アトキンソン　日本には「事前対応」という発想がないのかな。事が起きてから対応するというか、何でも先送りする傾向があるような気がします。それは、金融の仕事をしていたときから、ずっと感じていたことです。

養老　あと十五年もすれば、南海トラフが来るとわかっていても、そのときに考えればいいや、というところがありますね。

しかも現実に巨大地震が発生して、早急に手を打たなければ大変なことになるというところまで切羽詰まっても、「いや、法律上、問題があるからできない」なんて、平気で言う。

たとえば東北の震災のときも、道路に車が放置されて緊急車両の通行ルートがふさがれるという事態が発生しました。待ったなしで、車を撤去しなければいけないことは、誰の目にも明白です。

それにもかかわらず、「道路法により、所有者の許可なしに撤去できない」って。そんなバカな話はないでしょう?

アトキンソン　あり得ないですよ。

養老　さすがに二〇一四年になってようやく、地震や大雪などの災害発生時、公道をふさぐ放置車両の強制撤去を可能にする「改正災害対策基本法」が成立しましたが。

アトキンソン　そうそう、日本政府と関わっていると、よく法律を楯にとって、「強制力がない」という言い方をされます。国の権力は相対的に弱いですね。

その点、イギリスは主権が市民ではなくて、市民の意思を代理する議会だから、議会の力がものすごく強いんです。

養老　それが行政の本来でしょう。日本は本当に対応が遅い。私がしみじみそう思ったのは、一九八二年に発生したホテルニュージャパンの火災のときです。出火元の九階と十階を中心に四〇〇〇平方メートルが焼け、宿泊客ら三三人が死亡する大変な惨事でしたが、ずーっと廃墟のまま放っておかれたんですよ。

アトキンソン　ああ、九〇年代の終わりでしたか、建物が解体されたのは。

養老　九六年ですね。じつに十四年も放置されていたことになります。民間で買い手がつかないなら、行政が買い取って、跡地を活用する新たな施策を打っていいはずですよ。そういうことをしないいんですよね、日本は。

アトキンソン　もう四十年以上前から変わってない、とも言えますね。

被災地で海外のプレハブが使えない驚きの理由

アトキンソン　事前対応で思い出しましたが、東北の地震のときに嫌な思いをしたことがあります。東北って、小西美術の顧客が多い地域なんです。仙台市の大崎八幡宮さんとか、平泉の中尊寺さん、松島の瑞巌寺《ずいがんじ》さんなど東北との関係は強いです。

そのとき、被災者のみなさんは地震発生の翌日から、水がない、電池がないと、大変不自由を強いられました。私たちも生活物資を支援しようと動いたのですが、何と日本中で一斉に消えちゃったんですよね。遠い九州の現場にも買いに走ってもらったけど、買えなかった。誰が買い漁《あさ》ったの？って、あきれました。政府が十分な備蓄をしていれば、国民だってそんなにあわてずにすみますよね。

あと、避難所の開設とか仮設住宅の供給もそう。対応が遅い。二〇二四年四月に大地震のあった台湾なんて、発生後わずか三時間で避難所が被災者の受け入れを始めたじゃないですか。それもパーテーションで区切られたプライバシーの守れる空間が、家族ごとに用意されました。食料、飲料、タオルなどの生活必需品はもちろん、スマホの充電器やＷｉ－Ｆｉなども配備されてね。

一方、能登半島地震では、避難所を設営して、生活必需品を揃えるのに一週間以上もかかっています。体育館などにプライバシーもない段ボール箱の仕切りで床の上に寝たりする。単純に比較ができないとはいえ、日本の行政はこの差を真摯《しんし》に受け止めて、今後の対応に生かすべきだと思いますね。

養老　仮設住宅の建設も時間がかかりすぎでしょう。

アトキンソン　「できません、できません」で、何カ月もかかりますよね。事前にたくさん準備しておけばいいじゃない、と思います。

日本ほど地震がない海外だって、プレハブみたいな組み立て式の家を有事に備えてストックしていますよ。トイレもシャワーも全部、完備されてます。

イギリスやフランス、イタリアでは軍隊をイラクなどに派兵するときに、そういうプレハブの家を持って行く。で、現地でパパッと、半日くらいで組み立てます。終わったら、畳んで持って帰ればいいだけ。手軽ですよね。

海外ではそういう仮設住宅がふつうに売られているんだから、日本も買うか、自前でつくるかしておけばいいじゃない？　そう思って、いろんな人に提案しましたが、反応は鈍かった。実際、前社長が東日本大震災のときにやろうとしたんですよ、ゴールドマン・サックスにプレハブの仮設住宅を寄付してもらって、仮設住宅を建てましょうって。結局、規制などを口実に使えないことになりました。

養老　そこでも規制の壁がね。

アトキンソン　非常時なんだから、何でもかんでもゼネコンに一からつくってもらう必要はないでしょう？　平時の規制なんて、とりあえず無視してもいいと思うんですよ。だだっ広くて寒い体育館に詰め込まれ、段ボール箱で仕切りやベッドをつくって暮らすよりずっといい。

仮設住宅は保管場所に困ると言うなら、戦争中に大きな山をくりぬいてつくった防空壕とか、大きな洞窟とか、活用できそうな空間はいくらでもありそうです。そこに大量に保管しておいて、地震が来たら自衛隊のヘリで被災地に運んで、パパパッと建てりゃいいと思うんですよね。

そうそう、海外のプレハブを持ってくるということで、もう一つ、屁理屈を言われたことを思い出しました。「外国人と日本人では足の長さが違うんだから、外国のトイレだと便座が高すぎて、日本人は座れないでしょ」だって。

養老　なんと……。

いま、自治体によっては、仮設住宅の対策を進めているようです。隈研吾さんは、南海トラフ地震がくる前に、山間部に「仮設住宅」を建てておくことを提唱していて、高知県に隈さんが監修した木造の仮設住宅があります。

東京に行きたくない

養老　南海トラフにしろ、首都直下地震にしろ、発生を止めることはできません。都心にいる人たちはどこに避難すればいいのか。想像しただけで、ものすごく怖いですよね。
それなのに東京には、二〇階以上のビルが一〇〇〇棟以上もある。何が怖いって、巨大地震が起きたら、エレベーターが全部止まることです。それで閉じ込められちゃう人は、四万人に及ぶと推計されています。

アトキンソン　それは怖いですね。前に勤めていた会社が高層ビルの四五階だかにあって、東日本のときはみんな、船酔いしたと聞きました。あまりにもすごい揺れで、二、三時間くらいずっと揺れてたって。時計の振り子みたいに、揺れが続くそうです。

養老　怖くて、東京に行きたくないですよ。もし今日のような対談の仕事なんかがあって、高層ビルの高いところにいるときに巨大地震が来たら、地上階に降りることもできない。帰れなくなっちゃいますよ。

アトキンソン　エレベーターが止まったら、お手上げです。地震が終わっても、すぐに動かせないし。点検をしてＯＫが出るまで、使えないんですよね。しかも点検する人が、常駐しているとは限らない。

三・一一のとき、ゴールドマン・サックスの元部下たちも、だいぶ経ってから「階段ならＯＫ」という許可が出て階段を下ったけれど、強烈な筋肉痛になったと言っていました。これはきつい。上るときより、むしろ下りるときのほうが、筋肉を使いますからね。

養老　私も医者から、下り坂を歩けと言われています。筋トレには下りのほうがいいそうです。まあ、避難するときに、筋トレも何もありませんが。

アトキンソン　はは……足がパンパンになっちゃって、二、三日、ほとんど歩けなかったって言いますから、筋トレどころじゃあないね。しかも、水も食料もないんだから、大変ですよ。東京都はちゃんと備蓄してるんでしょうか。

養老　やっていないということはないだろうけど、実効性は期待できませんね。市区町村ごとに対応しているのと、あとは先日の対談で廣井先生がおっしゃっていたソフト対策をやっている、という感じかなと思います。

アトキンソン　ソフト対策？

養老　二〇一三年に「東京都帰宅困難者対策条例」が施行されて、「企業は従業者が一斉に帰宅することの抑制に努めなければならない。従業者の三日分の飲料水、食糧その他災害時における必要な物資を備蓄するよう努めなければならない」と定められています。

ただ例によって、強制力はなく、努力義務です。あと、家庭に対しては、「三～七日の食料や生活用品を備蓄する」よう推奨しているそうです。

アトキンソン　東京の人口を考えると、ソフト対策というか、いくら防災意識を高めるアナウンスをしても、何か心もとないですね。
養老　廣井先生も、自発的な行動に結びつきにくく、アナウンス通りに防災対策をした気になってしまうところが危険だと言っておられました。

増え続ける東京の人口

――巨大地震が発生したとき、首都圏の一極集中という状況が被害をより深刻なものにすると思われます。
アトキンソン　それなのに東京の人口は増え続けているでしょう？
養老　一九二三年の関東大震災からこっち、戦争の時期を除いてずっと増加しています。東京都は二〇二四年十月現在、一年前より約九万人増えています。
東京の人口は、関東大震災が起こった一九二三年は三八六万人だったのが、二〇二三年現在、一四〇八万人になっています。人口の多さ一つとっても、関東大震災のときとは比べものにならないほど大きな被害が発生することは、自明の理というものでしょう。

アトキンソン　それは肌で感じます。都内でも千代田区は、増加率が非常に高い印象です。以前は住む場所ではなかったのに、高層マンションをボンボン建ててますからね。青山もそう。私が家を建てた二十五年前は、周りにマンションが一つあるか、ないかでしたが、あれよあれよと言っている間にたくさん建ちました。一戸建てなら住む人はせいぜい五、六人ですが、マンションが一棟できると、人口がいきなり何十人・何百人に膨れ上がります。そりゃあ、人口が増えますよね。

ただ日本だけではなく、都市一極集中は世界的に進んでいます。起点は産業革命でしょう。農業主体の社会は構造上、人々は土地を求めて外に出ていきます。人口が分散するわけです。

でも産業革命が起きて、工業が盛んになると、人々は仕事を求めて、都市に向かいます。イギリスでもアメリカでもここ二百年以上、そうやって都市一極集中が進んできました。その動きを止めるのは難しいし、産業革命以前の社会に戻すのは無理でしょう。

養老　産業の中心が都市に移れば、当然、政治も経済も、あらゆる機能を有することになりますね。ただ日本は地震があるから、東京圏の機能が全部ダウンしかねない。さすがに官庁は危機感を持って、一極集中をやめようとは言っています。でも、それも〝かけ声倒れ〟と言いますか、現実に移ったのは京都に移転した文化庁だけという。
要するに本気じゃないんですよ。本気で東京一極集中を心配しているわけではない。

アトキンソン　文化庁は一番弱い省庁だから、日本の文化・伝統を象徴する京都にでも追い出しておけばいい、という感じでしょうか。そう言えば一時期、消費者庁を徳島に移転するという話がありましたが、あれも中止になって。

養老　災害のことを考えると、東京圏の人口増加を止めることができないなら、もうしょうがない。せめて小さなユニットをたくさんつくって、地域の持続性を担保していくしかないでしょうね。歩いて行ける範囲の人たちが、互いに助け合って、地域を守ることを考えたほうがいいと思いますね。

日本がGDP世界二位だった理由

――ついでながら、人口問題に触れていただいたので、アトキンソンさんに人口と経済規模についてご教示いただければと。

アトキンソン　人口減少と、それが与える経済的な打撃は、日本にとって地震と同じくらい深刻な問題です。「復興にかかる莫大なお金は誰が払うんだ？」という問題に関わってくるからです。

養老　人口減少で日本経済が危うくなる問題は、もうかなり前からわかっていることですよね。すでに十五年ほど前、藻谷《もたに》浩介さんが『デフレの正体』という本で指摘していますし。そんなわかり切っていることを、どうして経済の専門家は気にしないのか。これもやはり、嫌なことは考えない、ということでしょうかね。

アトキンソン　考えれば考えるほど気持ちが暗くなるから、考えないことにしていると？

養老　そうです。私みたいな経済の素人が心配しなきゃならないなんて、そのこと自体がもう異常な状況ですよ。実際問題、人口減少と経済規模はどう関わるんですか？

アトキンソン　国立社会保障・人口問題研究所が二〇二三年に公表した推計によると、日本の総人口は五十年後には二〇二〇年の一億二六一五万人から八七〇〇万人と、四〇〇〇万人近く減少するとされています。いまの七割まで減るんですよ。

加えて経済を支える生産年齢人口（十五〜六十四歳人口）は、二〇二四年一月一日現在で七四五七万人余りで、二〇一九年に比べると二〇〇〇万人近く減少しています。ピークの一九九五年に比べて、生産年齢人口は一二六九万人も減っています。総人口に占める生産年齢人口は、六割になっています。また二〇七〇年には、四五〇〇万人くらいで、いまよりさらに二九〇〇万人も減少するそうです。ピークからの減少は、フランスやイギリスなど先進国一つの生産年齢人口全体と同等の規模です。

養老　第一章で尾池和夫先生は、南海トラフ地震は二〇三八年ごろに起こる可能性が高いとおっしゃっていますが、二〇三八年の日本の人口は一億一四三九万人と推測されていますね。いまから九四〇万人減る計算になります。小国一つ分はある。

――GDPは下がって当たり前、ということですね。

アトキンソン　世界で二位だった時代が誇らしいのか、中国に抜かれた、ドイツに抜かれたと騒いでいますが、先進国の場合、実質GDP総額のランキングは基本的に人口のランキングで決まるものなのです。世界二位の時代は、人口も先進国のなかで二位だった、それだけのことです。

経済の規模は総額ですから、先進国の場合、ランキングの主な原因は人口の違いです。技術レベルが高いとか、中国はバブルだとか、国民性がどうとか、教育の違いだとか、果ては日本の成長を阻む勢力があるという陰謀説なまで、いろんな分析をする人がいますが、どれもほぼ因果関係はないのです。

もう一つのポイントは、「生産性」です。と言っても、付加価値ですから、利益率が高い・低い、効率がいい・悪い、といった問題ではありません。国全体の生産性が高いとはイコール、「一人当たりのＧＤＰ」が高い、ということです。

二〇二四年のＩＭＦ（国際通貨基金）のデータによると、物価の違いを考慮した基準では日本は二〇二四年現在、世界三六位・五万三〇五九ドル。ドイツが一九位・七万九三〇ドルですから、際だって低いことがわかります。急に低下し始めたのは、二〇〇三年ごろからですが、もはや先進国最下位となりました。

総じて言えるのは、一人当たりのＧＤＰが低い先進国というのは、経済成長で苦戦している国であり、少子化が進んでいる国でもある、ということです。日本の生産年齢人口は一九九五年に、総人口は二〇〇八年にピークを迎えました。

つまり一九九五年以降、日本は生産年齢人口の減少の影響が出始めて、一人当たりＧＤＰの順位が下がり、その後総人口が下がったことも順位低下の一因になったという見方ができます。

二〇四〇年の社会保障給付金は推定一九〇兆円

——人口問題に付随して、少子高齢化を背景に、社会保障のシステムが経済を圧迫する大きな要因になっています。

アトキンソン　ご存知のように、日本の社会保障は言ってみれば「高齢者のみなさんが生きるために必要な経費を、いま働いている人たちに請求している」ようなものです。これを「賦課方式《ふかほうしき》」と言います。高齢者の多くが、若いうちから年金を積み立ててそれが運用されて形成した資産を取り崩して生活しているわけではないんです。

人は長生きをすればするほど、年金が長期間必要になります。いつまでも健康でいられない一方で、医療はどんどん進歩していますから、医療費も嵩《かさ》みます。「人生五十年」なんて時代はとっくの昔に終わり、五十歳以降の三十年分の医療費を捻出する必要があるのです。社会保障システム自体はすばらしいけれど、財政にとっては大変な負担になっています。

——日本だけではなく、高齢社会の問題を抱える国は少なくありません。どう対応しているのでしょうか。

アトキンソン　多くは高齢化が進むよりずっと早い段階で、積立方式に切り替えています。このシステムなら、財政が逼迫《ひっぱく》するリスクはかなり軽減できます。

日本も八〇年代に一度、確定給付ではない方式に切り替えようという動きがあったんですが、ずーっと後回しにされてきました。例によって、難しい話や……

養老　暗い話は考えたくない、

アトキンソン　ということでしょうね。一九九〇年に四七・四兆円だった社会保障給付金の金額は、いまや一三七・八兆円にも上っています。約三倍ですよ。二〇四〇年に一九〇兆円になると予想されていますが、おそらく二〇〇兆円を超えるまで増えるんじゃないですか。人口が減る一方の若い世代に、高齢者からの請求書がドカンとくる、そんな形になっているのです。

こうなることは五十年も前から十二分に予想できたことです。いまになって「どうするんだ、どうするんだ」って慌てる話ではありませんよ。

経済問題というと「失われた三十年」みたいな言い方をされますが、経済が成長するはずがないでしょ、仕事をしていない人が増えて、その生活費を若い人が出しているんですから。

歴史の大転換期を迎える可能性は十分ある

養老　そこまで経済が疲弊してしまうと、南海トラフや首都直下地震が発生した後、日本が自力で復興するのは難しそうですね。地震が起きる以上に、そちらのほうが心配です。

アトキンソン　おっしゃる通り。地震の被害は、発生直後だけではなく、国やその地域に十年単位の長期的な経済的損失が発生することを考慮する必要があります。

――公益社団法人の土木学会がその辺りの要素を入れた、南海トラフと首都直下地震の被害額を試算していますね。二〇一八年の発表によると、南海トラフでは一四一〇兆円に達するとされています（今後見直しがなされる予定あり）。また首都直下地震については、二〇二四年三月に、六年前の推計を見直した数字が発表されました。二二三兆円多い一〇〇一兆円に上るといいます。

アトキンソン　もう驚くべき数字です。二〇二三年の日本の名目ＧＤＰは五九七兆円ですから、もし南海トラフと首都直下地震が連続して発生した場合、日本全体で稼ぐお金の四倍が消し飛んでしまう計算になります。

でも、こんなものじゃあないみたいです。以前、土木学会・地震工学委員会委員長を務めた目黒公郎《めぐろきみろう》さん（東京大学大学院教授）に聞いたお話では、すべての長期的経済損失をカバーしているわけではないので、現実にはもっと大きな数字が出る可能性もあるそうです。日本という国家の存続に関わる、大変な危機ですよ。

養老　損失がそこまで巨額になってしまうことについて、目黒先生は何か言っておられましたか？

アトキンソン　一言で言うと、「集積」。日本の首都圏のような災害リスクの高い地域に、富も機能も人口も何もかもが集積した巨大都市をつくったケースは、人類の歴史上、ほかに例がないそうです。要は先ほど触れた「首都一極集中」ですよね。

養老　そのうえ、「複合災害」のリスクもあります。

アトキンソン　そう、目黒教授も言ってました、本州から四国の南に位置する南海トラフ沿いには、東海・東南海・南海の三つのエリアがあって、ここで百～百五十年周期で巨大地震が起こっていると。しかも一発の巨大地震のこともあれば、連続して発生したり、富士山噴火のような火山被害をともなったり、あるいは台風が襲来したり。

過去にもそういう複合被害を引き起こした歴史的事実がありますよね？

養老　たとえば一七〇七年十月二十八日、宝永地震が発生しましたが、これは東海・東南海地震が同時発生した可能性があります。五十日後に富士山が噴火してますね。宝永大噴火。この四年前には、相模トラフのプレート間巨大地震、元禄地震が起きています。また、宝永地震から百四十七年経った一八五四年十二月には、二十三日に安政の東海地震、翌二十四日に安政南海地震が連続して発生しました。このときは激しい揺れと、九州東部から静岡にかけての太平洋沿岸に巨大津波が押し寄せ、壊滅的な被害を受けました。三万人の人が亡くなったと伝えられています。

さらにこの惨状に追い打ちをかけるように、翌一八五五年に江戸は首都直下地震に見舞われました。世に言う安政の江戸地震です。一万人前後の人が亡くなり、幕府の施設や大名の江戸屋敷なども壊滅的な被害を受けています。

アトキンソン　安政のこの数年は凄まじかったですね。次の年、一八五六年には「安政の江戸暴風雨」と呼ばれる大きな台風が江戸湾を襲って、まさにとどめをさされた感じでした。幕府は国を運営するどころではなかったでしょう。財政が急速に悪化したことは、少し考えれば誰にでもわかることです。

養老　アトキンソンさんは『国運の分岐点』のなかで、「二百六十年余り続いた江戸幕府があっけなく倒れた大きな要因は、討幕運動やペリー来航に加え、自然災害が幕府の体力を奪ったこと」という説を紹介されています。まったく同感です。

アトキンソン　南海トラフの復興にお金がかかるのは当然として、幕府はその前に江戸を立て直さなくてはいけなかった。諸藩の復興を援助するより、むしろ諸藩に「将軍さまのいる江戸を守るために、支援をしてくれ」と求めたのではないでしょうか。

そりゃあ、南海トラフの被災地は不満ですよ。自分たちのことで手一杯なのに、なぜ？って。幕府への不信感を募らせて、それが討幕運動へと発展したことは容易に想像できます。一連の「複合災害」から十一年後ですからね、江戸幕府が大政奉還をしたのは。

養老　さらに歴史を遡れば、平安時代に貴族政治が終わりを告げ、平家による武家政治へと一大転換がはかられましたが、それも一一八五年に京都で発生した元暦の大地震（文治地震）がきっかけでしたよね。「余震が三カ月も続いた」と、鴨長明が『方丈記』に記しています。

もっとも京都は、その四年前に旱魃《かんばつ》による養和の大飢饉が発生しています。その影響も大きいですね。食料を奪おうとする賊徒が跳梁跋扈《ちょうりょうばっこ》するなど、都は荒れ放題でした。当然、都と貴族を警護してもらう必要が生じます。それも武士が台頭する背景の一つでしょう。

アトキンソン　まさに歴史の転換期に天変地異あり、といったところでしょうか。世界に目を転じても、隆盛を極めた国が、巨大地震や津波、洪水、火山の噴火などの自然災害によって衰退していった例はいくらでもあります。

養老　そうした歴史に鑑みても、日本が南海トラフ、あるいはそれに前後して発生するかもしれない首都直下、富士山噴火、台風などの「複合災害」を経て、大転換期を迎える可能性は十分に考えられますね。

最悪のシナリオ——日本は中国の属国になる?

養老　アトキンソンさんが描く「最悪のシナリオ」は……。

アトキンソン　日本が中国に買われることは十分にありうる、ということです。

養老　復興に必要なお金は誰が払うんですか、ということでね。

アトキンソン　南海トラフ地震と首都直下地震が同じタイミングで襲来すれば、東京も大阪も名古屋も、大都市が全部、同じタイミングでダメになってしまうので、国中がもうカオス状態になるのは間違いない。日本経済って、悪い、悪いと言っても、まだ世界四位の大国です。そのメッカと言いますか、富が集中する経済圏が打撃を受けるのですから、被害総額は甚大。さっきの土木学会の試算を見てもわかるように、復興にはとんでもない金額が必要になります。

いまでさえ経済が成長せずに、これからも厳しくなることが予測されます。そんななか、〝自前〟で復興予算を組むなんて、なおさら難しくなっていきますよね。

――人口減少も高齢化も進む一方、国の借金だってどんどん膨らんでいく。ということは逆に言えば、巨大地震はむしろ早い時期に発生したほうがマシ、とも言えますか？

アトキンソン　まあ、そうですが、いまの経済状況でも厳しいのは変わりません。仮に日本が復興にお金を払うとしたら、株価が暴落するなかで、唯一の頼みは国債ですよね。でもすでに普通国債残高は累積し続けていて、二〇二四年度末には一一〇五兆円に上ると見込まれています。経済の規模に比べて、既に世界最悪の財政です。

戦後みたいに、国債という借金を棒引きにしてもらったうえで、さらに国民の貯金を強制的に吸い上げるしかありません。それは復興予算を絞り出すための一つのシナリオで、できないこともない。仮にそこまでやったとしても、全然足りないでしょうね。ましてや台湾のように、「みなさんからの募金で賄います」なんて規模ではない。そう簡単には国内調達できない、ということです。だから、諸外国から調達するしかないんです。

では、どこに頼る？　世界一、二の経済大国であるアメリカと中国に頼るしかありません。アメリカは多少出してくれるでしょうけど、よその国のことにあまりお金を出さない国なので、期待薄です。残るは中国。日本を買いに来るでしょうね。

すでにいまだって、銀座の土地を買い漁ったり、京都の町家が並ぶ一角を買い占めて再開発したりしているでしょう？　そんな現在の中国資本の勢いを踏まえれば、日本が中国に買われることは十分にありうると思いますね。

養老　中国が無償で支援してくれるわけはないし、かなり厳しい条件をつけてくるでしょうね。日本経済にそれを突っぱねる元気もなさそうです。

アトキンソン　そうして日本中に中国マネーが投下されると、中国人資本家たちは日本社会における存在感を増しますし、発言力も強くなります。しょうがなく言いなりになって、何年かやり過ごしてごらんなさい。「気がついたときには中国の属国になっていた」となりかねない。それが、私の描く最悪のシナリオです。
　日本人はそんなこと、考えたくないでしょうけど、「一〇〇％ない」とも言い切れません。

養老　日本人は、嫌なことを考えないんですよ。
　戦争のときもそうだったでしょ。「神風が国の危機を救ってくれる」と信じていた。本気で信じていたんですよ。

アトキンソン　現実問題、アフリカのように、中国による〝植民地化〟が進んでいる地域があります。南アフリカ共和国やセネガル、ルワンダなど、中国は債務超過が深刻化している国に、巨額投資を続けているのです。一見すると支援のようですが、実質的には植民地化ですよね。中国企業がこれらの国の根幹に関わるビジネスに参入して、中国依存が進むように仕掛けて、じわじわと骨抜きにしているんです。日本も他人事ではありません。
　中国の影響を排除したいのであれば、ＩＭＦから調達するということになるかもしれませんが、そうすると日本経済がＩＭＦの管理下に置かれることになります。いずれにしても日本が自立性を失うことには変わりありません。

日本には生産性が低い中小企業が多すぎる

――その最悪のシナリオを回避する方法はありますか？　結局のところ、経済を何とか強くするしかないんでしょうけど、人口減少は一朝一夕で歯止めがかからないし、社会保障を斬り捨てるわけにもいかないし、八方塞《ふさ》がりです。

アトキンソン　中小企業に頑張ってもらうしか道はない、私はそう考えています。

――どういうことですか？

アトキンソン　先ほど、生産性、つまり一人当たりのＧＤＰの停滞が日本経済の成長力を奪っている、というお話をしました。ということは、生産性を改善すれば、日本経済は成長力を回復する可能性が開けると期待できますよね。

もちろん政府や関係機関は、そのためのいろいろな取り組みを進めています。たとえば女性が活躍できる環境を整えようとか、ＡＩやロボットなどの最先端技術に活路を見出そう、副業を奨励しよう、ワークライフバランスを推進しよう、労働市場の流動性を向上させようなど、それなりに熱心にやっているとは思います。けれども残念ながら、なかなか成果が上がりません。

なぜなのか。私に言わせればそれは、「規模が非常に小さい中小企業が多すぎる」という根本的な問題を放置しているからです。

養老　割合から言うと、日本は中小企業が企業総数の一〇〇%近く（九九・七%）を占めていますね。そういう社会構造に問題があると?

アトキンソン　たしかに中小企業は、これまで日本経済の成長を支えてきました。なくてはならない存在です。しかし、生産性を向上させるのに有効とされる対策がどれもうまく機能しない、その根本的な原因を突き詰めていくと、規模が非常に小さい中小企業が多すぎる、もっと正確に言えば、単純に中小企業の数や割合ではなくて、中小企業のなかでも特に小さい、従業員五人以下の企業で働く人の割合が高すぎる、という問題が浮かび上がってくるんです。

規模の経済という経済経営学の大原則があります。企業は成長すればするほど、生産性が上がって、賃金も上がります。

日本の生産性の水準は、スペインやイタリアと同じ水準ですが、この三国の共通点が、小さな規模の企業で働く人の割合が非常に高いことです。

養老　なぜ中小企業が増えたのか、ご著書では「一九六四年の東京オリンピック」が起点になったと指摘されていますね。

アトキンソン　はい。国が「中小企業を増やす」方向に舵を切った。それが今日の少子化問題、生産性の低迷、経済の低迷などを招いたのです。

――と言われても、一九六四年の東京オリンピックは日本が経済大国への道を歩み始めた、象徴のように捉えられていますから、多くの日本人はピンとこないかもしれません。もう少し詳しく教えていただけますか?

アトキンソン　まず「中小企業＝日本経済の強み」という思い込みがあるでしょう?その根拠の一つが、「創業百年以上の老舗」が多いこと。しかし残念ながら、老舗と日本の経済力との間に、明確な因果関係はありません。

それにいまの中小企業は、大半が老舗ではありません。三三六万社中四万社とされています。一・二%しかないです。中小企業に関する根拠がない神話は多いです。製造業の中小企業は全体の一割しか占めていないのに、あたかもすべての中小企業は日本の技術力を守っているとか、下請の企業は中小企業の一割もないのに、あたかも中小企業は大企業にいじめられているとか。

日本の一企業当たりの平均従業員数は、平均二五人で推移していて、規模的にそれほど小さくはなかったのです。これが六四年を境に減少し、八六年には一二・九人にまで激減しています。重要なのはその中身。七五年からの二十年間で企業は約一七〇万社も増えているのに、内ほぼ九割が従業員数一〇人未満の企業なんです。さらに問題は、九五年から三十年経ったいまも、それらの企業の従業員数は伸びていないことです。

ほかにも六三年に制定された中小企業基本法の下で、中小企業が手厚い保護を受けたために経営の効率化が進まなかったこととか、さまざまな理由がありますが、日本は中小企業が増えるに任せていた、ということですね。

なぜ最低賃金を上げなければいけないのか

――なるほど、よくわかりました。では、中小企業の多すぎることが、いまの経済の低迷にどう関係するのか、もう少し具体的に教えていただけますか？

アトキンソン　たとえば経済成長のカギを握るとされている、最先端技術の導入。日本企業の有する技術力はきわめて高いけれども、そのわりには社会への普及率が低いと言われます。理由は、最先端技術の導入にはお金がかかるからです。大半の中小企業は売り上げが少なく、利益総額も小さいので、中小企業には設備投資にお金をかける余裕がありません。

加えて中小企業の半数は、売り上げ規模が一億円弱。予算があったとしても、大枚はたいて最先端技術を導入しても、それを使いこなすメリットがあまり得られないのです。また、先に挙げた「女性の活躍の場を広げる」「ワークライフバランスを推進する」など、労働環境を整備することにより生産性を向上させていくという対策が打てるのは、人材が豊富で、人材のマネジメントに余裕のある中堅企業以上だけ。中小企業にはそこにかけるお金も時間もないと言わざるを得ません。

このほか、「中小企業は規模が小さいために、輸出事業に踏み切れない」「一人の人間がさまざまな仕事を兼務することになり、個々人の専門性が上がらず、高いパフォーマンスを発揮できない」「従業員教育の機会に乏しい」など、中小企業問題はいろいろあります。そこにメスを入れなければ、日本の生産性はいつまで経っても上がらないと言っても過言ではありません。中小企業には成長してもらわないといけません。

養老　どうにもなりませんかね。

アトキンソン　まず中小企業で働く人の給料を上げる。現状、大企業で働いている人と比べると、同じ質、同じ量の仕事をしても、受け取る賃金が低いんです。平均して半分です。なぜそうなるかというと、中小企業では不動産や経営者の報酬、設備投資など、固定費の負担が重く、従業員の給料を抑えるしかないからです。

給料が安いということはイコール、従業員一人が生み出す付加価値が低いということですから、生産性も低くならざるを得ないですよね。だから給料を上げて、従業員個々の付加価値を高くしたほうがいい。また、給料が低いままだとモチベーションが上がらず、個人個人が生産性を上げようという気になれません。

ですから私は、「最低賃金を毎年三％以上引き上げよう」というわかりやすいメッセージにして訴え続けてきました。

そして、小さな企業同士を統合するなどして、規模を拡大して、生産性の高い企業を増やしていくのです。

ではなぜ、小さな企業の統合は進まないのか。日本はずっと、中小企業を優遇する政策をとってきました。規模が大きくなると、その優遇を受けられなくなります。そのリスクをとらない経営者が多いのです。そして、小さな会社の社長の中には、いまの「社長」という立場を手放したくないという人がかなり多いのでしょう。

ですから日本を変えるためには、中小企業への優遇政策を見直し、経営者たちのマインドセットを変えていかなければなりません。

最低賃金を上げる方向になってきた

――石破茂首相も最低賃金を上げる方向に動いていますね。

アトキンソン　自分はずっと言い続けていて、安倍晋三元首相にも進言していたんですよ。その後、毎年三％ずつ上げて、時給一〇〇〇円にします、となりました。

――国の審議会はその流れを受けて、二〇二四年七月になって、ようやく「二〇二四年度の最低賃金は前年より五〇円（五％）引き上げる」という目安をまとめました。これで、全国加重平均で時給一〇五四円とすることで決着しました。過去最大の引き上げですが、これについては評価していますか？

アトキンソン　一応の評価はしています。「二〇円だって絶対にムリだ」と言っていたことを思えばね。

でも本来、いまごろはもう時給一四〇〇円を超えていたって不思議はない。そこに達しないのは、企業側が「コスト上昇分の価格転嫁ができないから、最低賃金を上げられない」なんて、ワケのわからない論理を持ち出すからです。

読み方によっては、「人件費は価格転嫁しない。給料は据え置きにして、商品・サービスの価格を抑える」というふうに解釈できるでしょう？　そんな中小企業を存続させる理由がありますか？

養老　どうにかして、高い給料を捻出できますか？

アトキンソン　それはね、政策として、生産性の低い中小企業の生産性と賃金を高めていく流れを促進することです。

生産年齢人口が減っていく今後、自然に任せていても、中小企業は減っていきますが、もうそんなに悠長に構えていられません。かと言って、「規模の小さい企業は消えろ」なんて言いません。先にも述べましたが、小さな企業が互いに統合して、規模のより大きな強い企業に成長していく、ということです。そうして規模を大きくすれば、高い給料を払えるし、さらには生産性も高くなります。
これからの日本の経済が成長するか否かは、中小企業を統合することによって、賃上げと生産性向上を実現できるかどうかにかかっている、と言っていいでしょう。

養老　南海トラフ発生まで十三年だとすると、もはや待ったなしですね。

アトキンソン　その通り。文字通り、「喫緊の課題」です。

東京湾岸の火力発電所は大丈夫なのか

アトキンソン　マクロな視点から地震による日本経済への影響を見てきましたが、地震による直接的な被害についても考えてみたいと思います。
まずは生産活動に必要不可欠な電気。電気の供給も電柱が倒れちゃったら、ひとたまりもない。小池百合子都知事は最初に都知事選に出馬するとき、「都道電柱ゼロ」を掲げていましたが、電柱の地中化、進んでいますか？

――少し前の会見では、「都道の電柱はこの五年で三五〇〇本ほど削減した」とおっしゃっていました。都道の電柱は約五万三〇〇〇本ですから、まだ六％強ですね。

アトキンソン　うちの真ん前の電柱なんか、ほんの少しずつですが、傾いてきてますよ。大きな地震が来たら、倒れるに決まってる。台風のニュースでもよく、電柱がバキッと折れてる場面が報道されるでしょ。本当に弱いと思う。

養老　うちの前にも電柱があって、倒れたら停電するっていうだけでなく、景観も良くない。それで東京電力とＮＴＴに、費用は負担するから、地中に埋めてくださいって頼んだんですよ。でも通信の電波の関係なのか、この地域は規則でダメですと。ようするに、やりたくないんだと思いますね。

アトキンソン　日本中、すごい数の電柱があるでしょう?

――約三六〇〇万本。桜の木の数と同じくらいだと言われています。

アトキンソン　それはすごい。とくに地震や台風の被害を受ける可能性の高い地域は、電柱の地中化が急がれますね。

養老　電気に関連して、東京湾岸の火力発電所が全滅したら、復興も何もないですよね。いまの世の中、電気が来ないと、手も足も出ない。

アトキンソン　そう言えば、火力発電のことはあまり話題に上りませんね。

養老　原発は危ない、危ないと止めましたが、火力発電の立地条件はもっと危ない。

それと、食料問題。いまごろになって食料の自給率が低いことを問題視して、「減反政策が良くなかった」とか言い出してますが、そんなの当たり前じゃない。お米をつくる仕事をしている人に対して、「仕事をしなければお金を出しますよ」なんて無茶苦茶な話ですよ。それが政策かと、暗澹《あんたん》たる気持ちになります。

アトキンソン　私も農政については分析したことがあります。北海道を除くと、耕地面積は一戸の農家につき二・四ヘクタールくらい。バングラデシュやミャンマー、フィリピンなどと同じくらいの規模です。ＥＵの一戸当たり耕地面積は一六ヘクタールですから、歴然たる差があります。

しかも一戸当たりの耕地面積を増やさないまま、機械化を進めているので、これまで一日かかった仕事が半日で終わっちゃう。機械を購入したことで出費が嵩《かさ》み、でも耕作地は小さいままだから収量は上がらない。生産性が下がる一方なんです。

倍の広さの耕作地があれば、単純計算で収入も倍になる。でも、耕地面積を広げなければ、補助金をいくら注ぎ込んでも、経済の合理性は下がる一方です。

水道も心配です。どうやって水道を復活させるのか。上下水道を地震に強いものに更新するという工事をやっているのは、ときどき見かけますが、まだまだですよね。

うちの近所だって、水道管が古くなっていて、ちょっとした揺れで割れたりしています。大きな地震が来たら、水道は止まるに決まっています。すぐに復旧するとも思えません。ちゃんと計画を立てて、備えを進めてほしいですね。

文化財の耐震工事を行なえばリスクが高まる？

――アトキンソンさんのご専門の文化財はどうですか、巨大地震で建造物が倒壊したり、所蔵品が瓦礫《がれき》に埋もれたりする危険がありますよね。

アトキンソン　いま、多くの建造物で耐震工事を行なっていますが、それで余計に危なくなっている部分もあるのではないでしょうか。というのも、お寺などに使われている日本の伝統工法では、基本的に、地震の力をどう上手に流すかが考えられているからです。

たとえば柱は、地面に直接打ち込まれておらず、「敲き（たたき）」と呼ばれる砂利みたいな柔らかな層の上に礎石《そせき》を置いて、そこに載せているだけ。布団の上に立っている、みたいな感じです。でもその布団が地震の力を分散させて、礎石《そせき》への影響が軽減されるのです。

またいくつもある柱同士は、貫《ぬき》と呼ばれる板や太い梁《はり》によって横にしっかりつながれていて、軒や屋根を支えています。

しかも柱や梁の接合部分には、金物が一切使われていません。組物といって、部材に凹凸をつくって巧みに組み上げているのです。いわゆる「柔構造《じゅうこうぞう》」。そのおかげで、地震が来たら揺れるけれども、その揺れを受けて流すことで、地震の力を逃がすことができる。柱が右に動けば屋根が左、柱が左に動けば屋根は右、というふうに逆の動きをするんです。

——逆に言うと、釘一本打たれてないことが、耐震に寄与するということですか。

アトキンソン　まあ、地震の力を受ける躯体《くたい》には釘一本ない、それは事実ですね。ただ正確に言えば、屋根の垂木《たるき》などは釘だらけですよ。その意味では、日本の昔ながらの建築法は釘一本使わない、というのは真っ赤な嘘です。

それで思い出しましたが、中国の紫禁城が似たような構造のようです。先日、テレビで「紫禁城は最大、マグニチュード一〇・一の地震にも耐えられる」と放送していました。北京のあの辺りは、内陸地震が起こるのですね。プレートの際《きわ》はかなり遠いけど、けっこうよく地震が発生するらしくて。

養老　活断層があるんです。

アトキンソン　そう。それでも一度も倒れたことがないのは、やはり柱が地面に直接打ち込まれておらず、七二本の高い柱が岩の基部の上に立っていて、屋根と柱の下が接着剤やモルタルを使用せずに組物になっているから、だそうです。

養老　日本のお寺の造りは、もともと中国から伝来したんでしょうからね。そういう地震に強い構造を、いま、どう補強しようとしているのですか？

アトキンソン　たとえば建物の外部両脇に鉄骨の補強柱を立てたり、後ろ側から鉄の大きなクリップみたいなのでガシッとつかまえたりして、建物が動かないようにするんですよ。逆に地震の力を逃がせなくなるような気がします。もし倒壊したら、「そうなるとはわかりませんでした」と言い訳するんでしょう。

養老　耐震補強などせずに、そのままにしておけばよかった、となるかもしれませんね。

いまのアトキンソンさんのお話で思い出しましたが、四国の善通寺というお寺があるでしょ、弘法大師さんが生まれたという。あそこの五重塔は横から見ると、真ん中の柱（心柱）が宙に浮いてるんですよ。上から吊り下げられていて、地面と接していない。

だからなのか、過去に大きな地震で倒壊したという記録はないと聞きました。

アトキンソン　日光の東照宮もそうですが、五重塔ってだいたい心柱を鎖で塔につないで持ち上げる形になっています。なぜかと言うと、塔は人間と同じで、歳月とともに縮んで、心柱が地面にくっついてしまうからです。耐震上、それはまずいと、また持ち上げて切って、浮くような形にするわけです。おもしろい仕組みですよね。

また、心柱は制震構造のためのものだとよく言われるのですが、私は別の理由であると学びました。五重塔の頂上部に、「九輪《くりん》」と呼ばれる装飾があるでしょう？　九輪は風の影響を非常に受けるので、屋根につけるだけだととても折れやすい。そこで、心柱とつなげて、重みをつけているんです。

養老　そうだとしたら、「心柱」と呼ぶほどのものでもない（笑）。

アトキンソン　歴史上、倒壊した五重塔はあったかどうかはわからないですよ。倒れていない五重塔がいまも残っているだけであって、「五重塔がいままで倒れたことはない。地震に強い」という証明にはなりません。実際には、地震で倒れてなくなった五重塔も相当数あるのではないでしょうか。

倒れちゃった、という事実は記録に残さないのが、日本のしきたりの一つですから。

とはいえ心柱が地面に届いて、そのまま固定されたら倒れやすくなる、とは思います。

日本の自然が多様性に富んでいるのは地震のおかげ？

アトキンソン　一方で、地震が起こす変化は悪いことばかりではないようですね。環境省の方によると、日本の自然が多様性に富んでいるのは、災害が多いからだとか。

災害が起こると、その周辺地域の自然が破壊されて、いったん更地のようになったところに、一から新しい生態系が出来上がるんですね。災害がなければ、その地域を支配する動植物が変わらないけれど。

言われてみれば、日本は諸外国に比べて、動物や虫、植物など、本当に種類が豊富だなあと思いました。事実ですか？

養老　……かもしれませんね。とくに台湾がそうです。地面の面積は日本の一〇分の一なのに、蝶の種類が日本は二八〇種類で、台湾は四〇〇種類で一・四倍ほど多い。高さ三〇〇〇メートルを超える山が二〇〇以上あって、それら細くて高い山がしょっちゅう地震で崩れる。そのたびに、新たな環境に適した蝶が生まれる。だから蝶の種類も多いそうです。

アトキンソン　なるほど、ある意味でいいタイミングで環境がガラリと変化する、その繰り返しで多様な生き物の居場所が確保されているんですね。ヨーロッパは永遠にブナが続いている、という印象です。強いやつしか生き残れない。

養老　極相林と言ってね、日本ではなかなかできません。すぐ壊れちゃうから。

アトキンソン　勉強になります。

養老　地震と生態系の関係については、今度、虫取りの縁で知り合った永幡嘉之《ながはたよしゆき》さんと話します。東北の地震と復旧事業が生態系にどのような影響を及ぼしたのか、あまり論じられていませんが、この本には是非入れたかった。カネの話の次は、虫の話です（笑）。

アトキンソン　なるほど、養老さんにとっていよいよ最大の関心テーマの話、というわけですね（笑）。今日はありがとうございました。

私にとっては、「日本人が将来の危機に対して本気で対策をとろうとしないのは、嫌なことを考えようとしないから」とおっしゃったのが印象に残っています。きわめてシンプルですが、結局それが結論なのかもしれませんね。

第四章

復興後、自然環境はどう変化するのか

永幡嘉之×養老孟司

NAGAHATA Yoshiyuki / YORO Takeshi

【永幡嘉之 ながはた・よしゆき】 自然写真家・著述家。一九七三年兵庫県生まれ。信州大学大学院農学研究科修士課程修了。元山形大学非常勤講師。山形県を拠点に動植物の調査・撮影を行う。ライフワークは世界のブナの森の動植物を調べることと、里山の歴史を読み解くこと。東日本大震災後、復旧工事が始まった仙台平野において、僅かでも自然環境を保全する取り組みに奔走。著書に『里山危機』(岩波ブックレット)、『大津波のあとの生きものたち』(少年写真新聞社)、『巨大津波は生態系をどう変えたか』(講談社ブルーバックス)、『クマはなぜ人里に出てきたのか』(旬報社)など。

虫を通して四国の成り立ちが見える

養老　初めてお会いしたのは、もう二十年以上前になりますか。

永幡　森のなかで、偶然、お会いしたと記憶しています。

養老　そうそう、きっかけも何もなく、単に〝虫屋〟の縁でした。東北地方に虫を取りに行ったときに、大変お世話になりました。

永幡　極東ロシアにご案内したいと思っていましたが、かなわないままで。

養老　沿海州ね。あのときは調子が悪くてキャンセルせざるを得なくて、残念でした。そうこうしているうちに、いまとなっては非常に行きにくい場所になってしまいました。

――永幡さんはロシアの虫も追いかけてらっしゃるんですか?

永幡　はい。日本海を隔てたロシアには稲作文化がないので田んぼがなく、広大な湿地が広がっています。だから田んぼができる前の日本にどんな虫が生息していたかを追いかけるには、絶好の地域なんですよ。また、もっと長い目でみれば、虫を通して日本列島の成り立ちが見えてきます。

養老　それについては、私も調べたいと思っているんですよ。ちょうど新潟県の村上辺りが、日本列島が成立したころ、島だったんです。（日本列島の模型を持ってきて）ちょっとこれを見てください。村上はこの辺で。

永幡　ああ、ここが櫛形《くしがた》山脈ですね。標高が五〇〇メートルほどの、日本一小さな山脈だと言われています。あと、村上市から新発田《しばた》市にかけては、約一六キロメートルの断層帯が延びています。じつは私、カンアオイという植物の分布を調べていまして、この櫛形山脈から等距離のところで高緯度方向、高標高方向に同心円状に広がったとすれば説明がつく種があることがわかりました。おそらくそこから分化したと思うんですが、いつの時代かがわからない。

図4-1.（参考）約1600万年前の日本

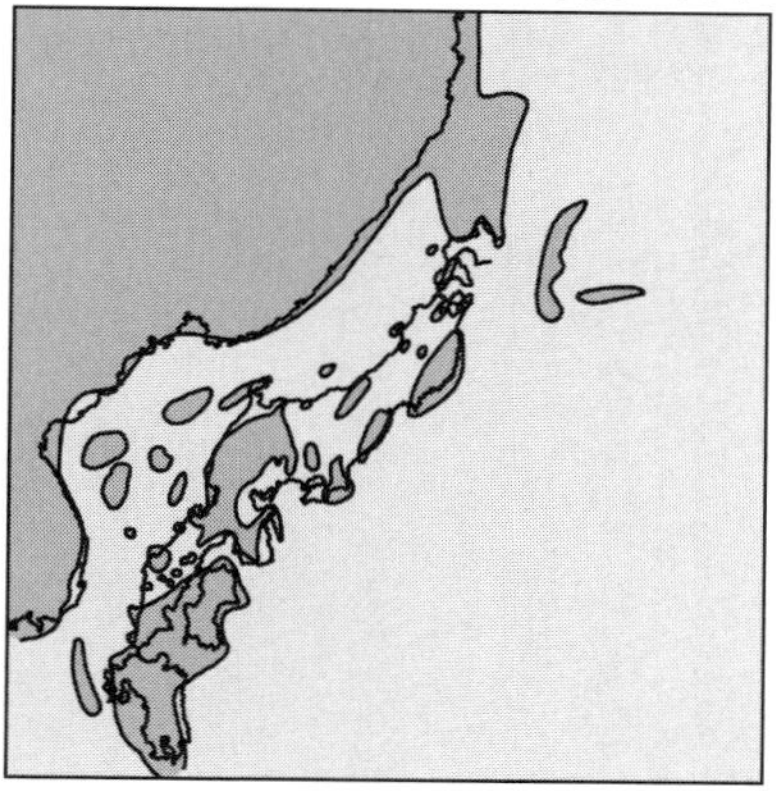

（図版提供：恐竜渓谷ふくい勝山ジオパーク推進協議会、一部改変）

養老　この模型は千八百万年から千五百万年前のものですね。

永幡　ずいぶん古いですね。

養老　そう、日本列島成立当初ですよ。あと一箇所、調べたいのが北海道の暑寒別岳《しょかんべつ》の辺り。この時代、北海道は日高山脈と大雪山と暑寒別岳だけが陸で、あとは海の底だったんです。

この時代まで含めると、日本は本当に広くて、調べたいことがありすぎて困るくらいです。

話が横道にそれたついでにもう一つ、この時代は四国がおそらく半分に切れてるんです。西と東が別の島だった。それは、吉野川が不思議な流れ方をしていることからわかります。高知の瓶《かめ》ヶ森《もり》に発する吉野川は、四国山地に沿って東に流れ、高知県大豊町《おおとよちょう》で北に向きを変えます。直角近くに曲がるんですよ、四国で一番標高の高いところを、川がわざわざ切るって、ありえませんよ。

しかもその後、銅山川《どうざん》、祖谷川《いや》などと合流し、徳島の三好市池田町で再び直角に曲がって、東に向きを変えます。二回もほぼ直角に曲がるんです。これが小学校のときから不思議でね。地図を見ただけで、素直に変だと思いましたよ。

――でも四国を東西に切る切れ目が見えませんね。

養老　その理由は、地質図を見るとわかります。いわゆる中央構造線が通っていて、そこに切れ目がないから、最初からきれいにつながっているように見えるんです。一度切れて、偶然、東と西にあった別々の川がつながったんでしょうね。

――虫の分布を見れば、そのことがわかるんですか？

養老　わかるというより、四国の東と西でいる虫が違うことが説明できる。四国の東西で、いる虫が違ってるんです。いま、高校生を相手に、瀬戸内海の島は西だったか東だったかを調べてみないかと言っているんです。日本列島ができた当時、瀬戸内海はなかったから、何か痕跡があるんじゃないかと睨んでます。ただ、虫がいないんですよねえ。いればおもしろいんだけど。

永幡　乾燥が進みすぎましたか？　淡路島もね。

養老　もう乾きすぎですね。淡路島は兵庫、香川、和歌山のどこにつながってるのか。虫でつながるかなと三回行きましたが、三回とも取りそびれました。

永幡　一番南の諭鶴羽《ゆづるは》山地に、讃岐山地と共通の虫がいますね。カミキリムシだと、ツチイロフトヒゲカミキリとトゲウスバカミキリが、ここだけにいたと記憶しています。

養老　そうですか。淡路島と香川がまっすぐつながりますね。いずれにせよ、いまのうちに丁寧に調べておかないと、日本列島の成り立ちが本当にわからなくなる可能性があります。

虫が減っている理由は、人間にはわからない

養老　それにしてもここ何年かで、虫がずいぶん減ってきましたよね。永幡さんはずっと虫を追いかけていて、それを実感していませんか？

永幡　ものすごく実感しています。この間も「ノリウツギの花に来るカミキリムシって、こんなに少なかったっけ？」と驚きました。

養老　二年ほど前からですね。

永幡　私が中学生のころ、八〇年代までは、兵庫辺りの山のブナ林でノリウツギの花が咲くと、わくわくしました、いろんなカミキリムシが来るので。たくさん捕りました。いまは花は咲くけれどもカミキリムシはおらず、山が閑散としています。

養老　シシウドの花も白くなっちゃった。以前は虫がいっぱい来るから、花が虫でびっしり覆われて黒かったんですが。花もかわいそうですよ。

昨年、台湾に行ったんですが、帰って来てから、たまたま八年前の同じ日に同じ場所で虫取りをしていたことに気づきました。それで「奇遇だな」と思い、捕った虫を調べてみたところ、三割にまで減っていました。

――なぜなのか、ということがどうしても気になります。

養老　人間はそんなことがわかるほど、利口じゃあないんですよ。いま、子どもが減っていることだって、もっともらしくいろんな理由があげられていますが、本当のところはわからない。少子化も虫の減少も、自然現象で起こっていることに、いまになってようやく気づいた、ということでしょう。

病気を例にすると、結核だって原因がわかってから、何とか治療法が見つかるまでに優に五十年はかかっています。ロベルト・コッホが結核菌を発見したのが一八八二年で、ＢＣＧワクチンが開発されたのは三十九年後の一九二一年。それを志賀潔が日本に持ち帰り、さらに二十五年を経た一九四九年にようやくＢＣＧワクチンによる結核予防接種が法制化された、という経緯があります。結核自体は弥生時代後期からあるとされているので、千数百年もの間は原因不明の病気だったんです。

そもそも人間というのは、自然とか環境に「問題が生じている」こと自体になかなか気づかない。自然との距離が遠くなっているいまの人は、なおさらでしょう。

永幡　虫が減ったことと環境との因果関係はとても複雑ですよね。原因を調べたくとも、その前に虫がいなくなっちゃったりしますから。たしかに養老さんのおっしゃる通りです。

種の単位で絶滅しそうだというと騒ぎになりますけど、そうでないと見過ごされがちですしね。定量的に調べている人がいないから、いま調べてもどれだけ減ったかわからないというのもあります。基礎研究を大事にしている欧米では、「ここにはこういう虫がどのくらいいた」か、誰かがデータを取っているから、いまと比較できるのですが。

東北には変な虫が残ってる？

――永幡さんはどういうきっかけで虫や自然の観察を始められたのですか？

永幡　もともと子どものころからの虫捕りが今まで続いています。地方に育ちましたので、自分が住んでいる地域にどんな虫がいるのか興味がありました。その気持ちは大人になっても変わらず、ずーっと虫を調べることが好きでしたね。

山形県とか宮城県といった「県」という単位は、何か物事を調べるのに手ごろな広さだと思っています。虫の住む場所に境界なんかないんですけどね。
養老さんはゾウムシの仲間を専門にされていますが、私は地域に特化して、虫を追いかけている、という感じでしょうか。虫を通して東北の自然の一端を描き出す、それが趣味みたいなものです。

養老　東北は辺境と言いますかね、変な虫が残ってるんですよ。「日本中から消えたと思っていたのに、こんなところにいたかっ！」というような虫が、東北で取れたりする。私が好きなゾウムシで言うと、オオシロモンサルゾウムシなどですね。最近、東北でハバビロヒゲボソゾウムシが見つかったそうで、困ったなと思ってます、調べに行かなくちゃと。

虫へのノスタルジーに突き動かされ

永幡　養老さんの調べたい気持ち、とても共感します。私は結果的に自然保護に取り組む場面が増えていますが、自然保護が好きなのかといえば、ちょっと違います。もともとはどこにどんな生き物がいて、どんな暮らしをしているのかを調べることが好きで、ただ、虫や植物がいままでいたところからいなくなっていくと寂しさを抱えきれなくなるので、対策を考えるだけなんです。
たぶん人よりも「懐かしさ」に引っ張られ過ぎているのかもしれません。

養老　虫好きに共通する思いでしょうね、それは。私も同じです。そう言えばこないだ、鎌倉で蟲《むし》展というイベントをやりましてね、鶴岡八幡宮《つるがおかはちまんぐう》の池にイネネクイハムシって奴がいたんですよ。

写真4-1. イネネクイハムシ

撮影：永幡嘉之

永幡　えっ！　かっこいい虫ですよね。ハムシの仲間って、なよなよしたのが多いけど、イネネクイハムシはガチッとしていて。

養老　そうそう。中学生のころに八幡宮のその池でよく取っていて、とっくの昔にいなくなったと思っていたんですが、ライトをつけたらいっぱい寄って来た。うれしかったなあ。二〇二四年で一番うれしい出来事でした。

永幡　そのお気持ち、よくわかります。

養老　イネネクイハムシって、昔はあちこちの古い池や田んぼでよく見かけたものです。宅地造成でそういう池が全部潰されたり、田んぼに農薬をまかれたりで、近年は絶滅が危惧されていました。八幡宮の池には奴らの好物の蓮《はす》があるし、農薬をまかないので、七十年前と変わらず、元気いっぱいで暮らしていられたのでしょう。

永幡　神奈川県立生命の星・地球博物館の高桑正敏さんが、「月刊むし」の巻頭コラムに横浜のイネネクイハムシのことを書かれていたことがありましたね。

養老　そうでしたか。彼、私が子どものころに同誌に寄せた報告を引用して、横浜の三《さん》溪園《けいえん》にもイネネクイハムシがいるって書いてました。たぶん、いますね。今度調べてみようと思ってます。

津波から二年後に起こった予想外の変化

――永幡さんは東日本大震災の直後から、巨大津波が生態系にどんな影響をおよぼしたか、追い続けておられます。まず震災直後の様子から、ご教示いただけますか？

永幡　震災前までは、日本海側の砂浜のほうに強い思い入れがあって、太平洋側にはあまり行ったことがなかったんです。でも砂浜に住む生き物たちが、あれだけの巨大津波に見舞われてどうなってしまうのか、気にかかりました。

防潮堤やビルなどの人工の建造物なら、倒壊したり、消失したりすれば、誰の目にも変化がわかります。けれども自然界でどんな変化が起こったかは、生き物に焦点を合わせて調べなければ見えてきません。それで、何が起こったのかをまず調べなければと思ったのです。

砂浜には砂浜、海岸の湿地には湿地にしかいない生き物がいます。たとえば虫ならば植物を食べ、鳥に食べられ、あるいは虫同士でも餌をめぐって競合するといった関係が複雑にからみあって、生態系が形づくられています。そんなふうに、そこにいるはずの生き物が当たり前にいるかどうか、それが生物の多様性をはかる尺度になるわけです。

もちろん震災以前から、浜辺の生き物はどんどん減っていました。昔と違って砂浜が、すごく断片的になっていたからです。何キロ、何十キロと続く砂浜ではなくて断片ですから、波をかぶってしまうと、無傷の場所がどこにも残らないのではないか、ということも気になっていました。

養老　砂浜にだけいる虫というと、ハマベゾウムシがそうですね。

永幡　はい。この虫の幼虫は、海に生えるアマモという植物が砂浜に流れ着いて、枯れたものを食べます。親のほうは、夜になると砂浜を歩いています。あと、カワラハンミョウとか。脚の長い、美しくて素早く飛ぶ虫です。

写真4-2. カワラハンミョウ

撮影：永幡嘉之

カワラハンミョウは、岩手県では唯一釜石市鵜住居《うのすまい》に生息していたのですが、震災直後に同地を訪れたら、砂浜自体が消えていました。地震と津波の影響で地盤が沈んだことと、砂の流失が大きく働いたのでしょう。夏になって、わずかに残った砂地をくまなく探しても、カワラハンミョウは見つかりませんでした。

また、津波は海水ですから、塩害で湿地のカエルの卵が死滅したり、五月になって木々や植物が枯れ始める様子も見てきました。ただ、多くのトンボ類は生き残っていましたし、土のなかで眠っていた水草が復活したり、台風のあとの増水で生き残っていたメダカが急増するような、復活の場面もたくさん見ていました。以上のことは、二〇一二年四月に刊行した講談社ブルーバックス『巨大津波は生態系をどう変えたか』に書きました。

地震から二年目の春になると、植物も虫も、予想をはるかに上回る規模で復活しました。津波以前より増えたんです。

仙台平野の海岸には江戸末期から、風で砂が飛散するのを防ぐために、クロマツやアカマツなどが人工的に植えられていましたが、これらが津波とその後の塩害によって枯れたことで、光が地面に届くようになりました。結果、本来あった木々が生長を始め、土中に眠っていた種子が発芽しました。

ズミの花の白、レンゲツツジの朱、砂地を覆うハマエンドウの紫、センダイハギの黄など、マツの造林が行われるよりも前に広がっていた〝海岸草原〟の姿がよみがえったのです。

もちろん虫も同じです。カワラハンミョウなんて、二百メートル歩く間に八〇匹も見つかりました。すごい勢いで増えたんですよね。

写真4-3. よみがえった仙台平野の海岸草原

撮影：永幡嘉之

さらに田畑だった場所では夕方になると、空を埋め尽くすほどの大量のギンヤンマが餌を捕るために、暗くなるまで上空を飛び交っていました。

よく戦中から戦後すぐに生まれた方がたから、「昔はギンヤンマが無数にいた」という話を聞いていたんですが、「なるほど、こういう風景だったんだ」と感慨深かったです。

――わずか二年で、そんなに回復するとは……すごい回復力ですね。

永幡　当たり前と言えば当たり前なんです。人間が堤防や駐車場を造ったり、海水浴場を整備したりして、土地をどんどん使えば、そこはもはや自然環境ではなくなりますから、野生生物のすみかは減ります。それらを巨大津波が根こそぎさらっていったことで、砂浜が元の環境を取り戻したわけです。

堤防がなくなれば、風が通ります。砂浜は内陸のほうまで広がっていきます。

もっともそれは、自然の回復力というより、生き物のいる場所が広くなっただけのことです。すみかの面積が広くなれば、生き物の数は必然的に増えます。

人がいじると、自然環境が単調になる

養老　場所が広がれば、虫が増える。それはたしかですね。ここ箱根の山のスギ林も、十年ほど前に間伐を入れたら、その年は虫が増えました。林縁《りんえん》という森林の周縁部分、ようするに道端が広くなったおかげですね。

――自然に人の手が入ることで、逆に虫にとっていい環境になったということですか?

養老　人がいじったから虫が減る、なんて単純な話ではないんですね。もっともスギしか植えないスギ林なんて、人工の畑みたいなものですから。増えれば環境が単調になって、当然、虫は少なくなってしまいます。

それにしてもスギばかり植えようって、誰が決めたんだろう。いろんな木が混ざっているほうが、絶対に木は元気になるのに。スギだってそうでしょ？

それで思い出したけど、カナダは森林が意外と単調なんですよ。バンクーバーに行ったとき、ホテルに聖書といっしょに置いてあった「カナダの自然誌」みたいな本を見て、驚きました。木が四種類しかない。おもにモミ、マツ、ツガの三種類で、ところどころにブナが入っている、という感じです。

飛行機から見ると、よくわかります。谷間のところだけにブナがあって、あとは針葉樹の森です。

でも日本は、カナダとは風土が違います。紅葉が象徴するように、木の種類が多い。いろんな色の葉っぱが混ざって、独特の紅葉の風景を描き出します。単調じゃあないんです。

永幡　いろんな木があったほうが、虫も多いですよね。

養老　もちろん。地図を見るとよく、紅葉の名所にマークがついていますよね？　私はあのもみじのマークを頼りに、虫を取りに行きました。

それがいつのまにか、日本の森林は紅葉の名所以外はスギ一色。よくあそこまで増えたものだと感心するくらいです。国が補助金を出すから、スギが育とうが育つまいが、ひたすら植えちゃったんだろうね。

物事をできるだけ単純化して構成する、そういうやり方がいま「コスパ」とか「タイパ」という言葉になっているじゃないですか。人間のつくった世界ではいいけど、自然に対しては絶対にやるべきではない。それは一次産業に従事している人なら知っていることです、スギばかり植えていると、スギに何か起こったら全部がパーになるって。

そんなこと、ニワトリを見ても一目瞭然です。同じ飼い方をするから、毎年のように、感染症が広がると何十万羽ものニワトリを殺さなくちゃいけなくなる。そこら辺を自分の脚で歩かせていれば、起こりえないことでしょう。

だからいま、農業を工業化するとか言ってますけど、ああいうバカなことはしないほうがいいと、私は思っています。

――永幡さんはその辺りのこと、どうお考えですか?

永幡　私自身はずっと、自然現象を「読み解く」ことに努めてきました。わからないことだらけですが、起きていることを、自分の眼で見て確かめることは続けています。たとえば、津波後にすごい勢いで回復した動植物も、復旧事業という人間の手によって、ほぼすべてが姿を消しました。そういった現実も含めて、克明に記録していかなくてはいけないと思っています。

養老　永幡さんのそういうところを、私は評価しているんです。理由なんかわからなくても、いま何が起こっているかを調べて記録する、そういう研究がいろんな分野で求められています。それなのに日本の学会ではおよそ人気がない。どうにかなりませんかね。

復旧事業に「待った！」

――復旧事業が始まってから、永幡さんがどんな行動を起こしたのか、改めてお話しいただけますか？

永幡　復旧事業のためには、津波で砂や倒木が重なった土地を、ブルドーザーで整地していきます。そこにさまざまな動植物が増えていたわけですから、それは言い換えれば、生き物の居場所をどんどん潰していくことになります。私自身は自然の調査をしたかったのに、人間が復旧事業の名の下にやろうとしていることを傍観できず、それへの対応に多くの時間をつぎ込むことになりました。本来、人間のやろうとすることにはまったく興味がなかったんですが。

先ほど、田畑の跡地では大量のメダカが現れ、空を埋め尽くすほどのギンヤンマが発生していたと述べましたが、排水機場の修理が終わり、一帯の地下水位が五〇センチ下がったら、一帯から水たまりが全て消えたんです。そうすると、トンボもメダカも当然ながら、全部消えてしまいました。震災の後三年後ぐらいのことです。

やっぱり、「浜辺の生き物がこんなに増えたのに、復旧事業とともにゼロになってしまうのは忍びない。どこかに少しでも残せないのか」という話はしなくてはいけないと思ったんです。

というのも堤防の建設や人工林の造林、農地の水路の整備などに際して、復旧事業を迅速・円滑に進められるよう、法で定められていた事前の環境アセスメント調査を省略できることになったからです。そこにどんな自然環境が再生しているのかを誰も知らないまま、いや、津波直後の写真からの「津波で全部流されて、動植物はいなくなった」という思いこみのまま計画が進み、建設が進められようとしていたのです。

——最初にどうされたんですか？

永幡　広い砂浜に測量の杭が立ち始めたのを見て、「堤防を造る前に協議を始めなければ」と、管轄の行政の事務所に行きました。すでに設計も終わり、工事は始まっていましたが、個人で調査を続け、すでに生き物がたくさんいることを知っていた私としては、ともかく残す方法を探りました。

結果的に、複数の省庁や県への申し入れと協議は五年後まで続きました。

一民間人の申し入れに、国の機関がきちんと対応してくれるわけですから、対応自体はよかったと思います。ただ、組織が大きくなればなるほど、個人の裁量の範囲は小さくなりますし、ましてや緊急かつ大規模な工事が同時進行でいくつも進められるわけです。それぞれの担当だった方の努力と対応には感謝しつつも、最終的にはどれも無難な落としどころに行きつきましたし、豊かな自然環境をどのように残すかという本質的な問題には踏み込めませんでした。

養老　誰も考えないし、誰も責任を取らない。「みんなで話をして、みんなで考えましょう。以上、終わり」というやり方でいい。日本人にはそういう考え方が小学校の道徳の授業のときから叩き込まれているんです。結論なんか出やしない。

永幡　明快なお言葉をいただきました。それが言いたかったんです。

養老　「みんなで考える」というのはアングロサクソン系の人（英米人）が上手だそう

です。評論家の山本七平さんがどこかに、「捕虜収容所のなかで何が起こるか」について、英米人と日本人の違いを書いていましてね。英米人はみんなで相談して「君は食料担当」「君は建築関係の担当」と役割分担を決め、あっという間に機能集団ができてくる。一方、日本人は牢名主が一人出て、子分を二、三人従えて、暴力的に集団を支配するっていうんです。その通りだなと印象深くて、いまでも覚えています。

いま横行している闇バイトだって、そんなものでしょ。あんなバイトが流行るのは、日本くらいのものじゃあないでしょうか。

――従属することに、ある意味で快感を覚える？

養老　そうそう、しかも「ボスの言う通りにやっているだけで、自分は悪くない」という気持ちがどこかにある。だから、誰も責任を取ろうとしないんです。そう考えると、南海トラフにいっそうの恐怖を感じます。日本人は暴力行為に対して、非常に弱いですからね。

トップの決断

――ただ、省庁にも〝話せる人〟はいたようですね。

永幡　霞が関で行なわれた協議のときに、管理職の方が「自分が責任を取るから、この人たちの言うことを聞きなさい。社会に必要なことなんだから、やらなくてはいけない」と言ってくださったのは大きかった。その省庁に関しては、話が大きく進みました。

――キーマンがいるか、いないかで、ずいぶん違ってきますか？

永幡　違います。ただ問題は、〝人頼み〟では限界があるということです。行政では、大体二年、あるいは三年で人事異動があります。人事異動で人が変われば、その組織が同じ対応をするとは限りません。ですから「人」よりも「組織」が物事をどう判断し、対応していくか――個人に左右されるのではなく、できるだけ普遍性のある「判断する仕組み」をつくる必要があります。

と言いつつも、あれからもう十年以上経って、私としてはかなり記憶が薄れています。正直言って、省庁とのやりとりは生きものと違って普遍性がないので、記録に残したい気持ちもないんですよ。

――そんなことをおっしゃらず……。永幡さんは協議に際してたくさんデータを出されたんですよね？　それによって、一部の復旧事業の計画が変更されたと聞いています。その辺りをぜひお聞きしたい。

永幡　気が進みませんが……。わかりました。申し入れをするに当たって、単に「生き物が大事です」みたいな話をするだけではダメなんです。まず「事業を見直してください」と言うために、「ここにこういう生き物がいます。私が調べました」という正確な情報が必要です。そのうえで、「これだけの生き物が消えてしまいます。手続き上は抜かりがないとはいえ、公共事業としてこの現状を無視できないのではありませんか？」と、話を進めていきました。他に独自に調べていた数名の、植物や鳥やカニなどさまざまな浜辺の生き物の調査結果も集約して、図面や表にしました。

欧米だったら、こうした調査や交渉は自然保護団体などのＮＧＯや大学が独立した立場で実施するんですが、日本って第三者的立場から、意見を出して交渉する人や組織がないんです。専門家もＮＧＯもみんな行政の会議に取り込まれるので、誰も外側から進め方に異を唱えない。社会として、健全な議論のあり方とはどのようなものかを考えさせられました。

――大変な時間と労力をかけられたんですね。結果的に、どのくらい手つかずの自然を残せましたか？

永幡　工事を止めて、自然環境に配慮した形で計画の変更が行なわれたのは、一四箇所です。省庁では一つの計画を進めるにも、現地調査のあとで会議を開き、設計そして着工まで膨大な時間がかかります。私も責任上、それにつき合って、ほぼ五年間を費やしました。

結果として、仙台平野で盛り土をせずに表土が残った場所は、約四〇キロメートルの海岸線沿いの海岸林のなかで、五〇～一〇〇メートル程度のものが七箇所。それぞれの行政機関が「自然環境に配慮した」と喧伝していますが、公共事業は、失敗はせずにうまくいったこととして発表されますから。生き物から自然環境を見ている私としては、配慮しないよりはマシだった、という程度です。

養老　いや、それでも偉いと思いますよ。

――やって良かったっていう思いはないですか。

永幡　良かったという思いはないです。九七％、消えてしまいましたから。

たぶん性格が変わってるんでしょうね。人間社会に興味がないので、どれだけ自然が残ったかが全てです。みんなで協力してわずかでも成果を出せた、という過程に全く価値を見出せないんです。集団行動ができない人間なのでしょうね。

人間に興味がない

養老　先ほど、永幡さんが、人間のやったことに興味はないということをおっしゃっていましたが、その気持ち、私にはよくわかります。この年になってようやく、自分は人間にまったく興味がないんだ、ということに気づきました。

あるテーマについて、真剣に取り組み、ぎりぎりまで考える、検討するということをしていると、だんだん自分のことがわかってくるんです。自分は「しょせん人間のやることだからどうでもいいと思っているんだな」と。

人間のやることに関わるより、家の縁側にタヌキが来て、心地よく寝ている姿を見ているほうがずっと幸せです。最近、タヌキがよく来るんですよ。

そういうふうな人を象徴しているのが、南方熊楠《みなかたくまぐす》でしょうね。自分で書いていますが、熊楠は日常のことに無頓着だし、何でも観察の対象にするなど、とにかくやることも性格も偏っていて、親戚みんなに「あいつは変になるんじゃないか」と心配されていたそうです。自分でもちょっと恐れていたようで、「粘菌の研究に救われた」と言っています。

余談ですが、ウミウシを研究されていた昭和天皇は、熊楠のそういうところに共感を覚えられたのかもしれません。熊楠は、粘菌にも興味を持たれた陛下のご要望にお応えして、粘菌の標本を進献しています。その後、和歌山県・田辺湾の生物について、ご進講もしています。それに昭和天皇は、熊楠を偲ぶ御製《ぎょせい》（和歌）も詠まれているんですよ。

――人間に興味がない、というのは……。

養老　説明が難しい。私はよく「その人にとっての現実じゃあない」という言い方をします。その人にとっての現実が、その人を動かす。逆に、その人が動くから、その人にとっての現実がわかる、とも言えます。

たとえば永幡さんにとっての現実は自然のなかで暮らす生き物だから、そこら辺を歩いているときに虫がいたら、立ち止まって見る。ふつうの人は絶対、虫なんか見ない。なぜならその人にとって虫は現実ではないから。虫は存在していないのも同然で、一切気にしてないんです。

いくら役所に足を運んでもダメなのは、役所の人にとって自然は現実ではないからでしょう。真剣な交渉事でギリギリの判断が求められたときに、その人にとって何が現実なのかは、けっこう大きな影響力を持っています。

――では、養老さんにとっての現実は……？

養老　虫以外は現実じゃあない。……って言うと、女房は怒るけど（笑）。

永幡　「なるほど」の一言しかありません。ふだん、自分が口で言い表せないことを、養老さんが言葉にしてくださった感じがします。

「部品を新しくする」という発想を捨てよ

永幡　以前にも、私の言葉にならなかった思いを、養老さんが言語化してくださったことがあります。津波跡の復旧事業に関する養老さんの本を読んでいて、「部品を新しくするような発想でしか物事に対処できていない」という一文が目に止まりました。自分で言葉にできないもどかしさがあった部分を、明快に整理することができました。

養老　省庁とやり合っていたころですか？

永幡　はい。津波に洗われた砂浜にも、生き残ったマツがかなり生えていたんです。専

写真4-4. クロマツを植えるための盛り土の工事

撮影：永幡嘉之

門家の会議で、地下水位が高いから、まず盛り土をすべきという方針が決まったことで、そのマツの林を全部剝ぎ取って更地にして、新たに山から運んできた土を盛ってマツの苗木が植えられました。

自然には、人間にたとえるなら免疫のような再生力があります。そこをまったく考慮に入れない復旧事業の進め方が、養老さんの言う「部品を新しくするような発想」にあたりますよね。

でも、隅々まで整地することが、社会が目指す復旧だったわけですよね。津波の後に泥で覆われた土地をそのまま残したら、何もやってないことになる。被災者のためにも、全部、素早くきれいにしなきゃいけないと、ブルドーザーでいじっていない土地がどこにも残らないようにしたわけです。土を入れ替えたら、そこの植物も虫も全部リセットされるわけですから、自然環境は、もうまったく別のものになります。

養老　復旧事業を進める人たちが、「かさぶたが汚い」って言ってはがしちゃったようなもんですよ。

永幡　その「かさぶた」という表現もまさに言い得て妙です。元とはまったく違う自然環境に変化したのですから、復旧ではないですね。

南海トラフの復旧事業に東北の教訓は生かせるか

養老　南海トラフの後の復旧は、もっとひどいことになりそうですね。

――このままだと、東北のときと同じようなことに……。

養老　人間がやることですからね。根本から考え方を変えてもらわないといけないけど、誰も考えないかもしれません。

永幡　一つ、東北の教訓という意味では、震災直後に国の方針を決める「復興構想会議」という全体会議があったんですが、その委員のなかに自然環境を調べている人がいなかったんです。
会議のなかで、「あえて復旧の手を入れない場所を残してもいいのではないか」と意見を言われた方が二人おられたんですが、非常に言葉を選びながらの、「人が住まない
ところを鎮守《ちんじゅ》の森のように残しては？」という発言でしたので、「そこは公園にする」
「公園は必ず盛り土して、避難場所にする」という方向に進みました。結局、「新しいも
のにする」という発想から離れられなかったのが実情です。
形式的なことについていえば、南海トラフの後は、初動段階での会議のメンバーに自然環境の専門家も交えたうえで、それぞれがストレートに意見できる仕組みを一から作り上げる必要があると思います。今のままだと、予定調和的な施策しか打てなくなってしまいます。いまの社会って、「誰かが、どこかで、真剣に考え、取り組まなくてはいけない」という意識が希薄になる一方のように思えます。
養老　何でもそうですね。それは私も感じます。

永幡　それと、国民全体が被災者に対して過剰な忖度《そんたく》をする風潮も気になります。「生活の再建が第一」というのはその通りですが、私が生き物の調査で現場入りしている

と、「津波の直後には控えるべきだ」と言われることもありました。多くは遠くにいる人からでした。

コロナのときもそうでしたよね。マスクをしていない人を責めるような「自粛警察」と呼ばれる現象が問題になりました。

そういった同調圧力が、ともかく土木事業を優先させる空気を作り出した部分があったと感じています。

もう一つは、行政の「お金をどんどん付ければいいだろう」という姿勢も、目にとまりました。お金を付けることでしか、復旧のために何かしていることを示せないことが、いまの社会の仕組みなのかと。

養老　お金なら、被災者に直接渡したほうがよっぽどいい。ただそれじゃあ、行政が復旧のために何かをしたと評価されないんですよ。だから「新しいものをつくることに、お金をドンと注ぎこみましょう」という発想になる。これはもうシステムの問題でしょう。

たとえるなら、学校の先生が夏休みでも学校に行くのと同じですね。「子どももいないのに、どうして学校に行くんですか？」と尋ねたら、先生方は「行かないと、税金泥棒と言われるから」と答えますよ、きっと。学校に行かなくてもできる仕事はいくらでもあるのに、「ちゃんと通勤してますよ」という体裁を取りたがるんです。

永幡　省庁の協議も、そういうことですね。たとえば防潮堤を造るとき、国は「住民説明会を一五〇回ほど開いたなかで、反対意見は出なかった」というコメントを出しています。でも、地域の集落では物事は全員一致の合議制で進みますから、説明会で個人の意見を前面に出すことはできません。「出なかった」のではなくて、そもそも「少数の意見が出ない仕組み」だったんです。

――なるほど。説明会を開きましたよ、意見を言う場は設けましたよ、という……。

永幡　職員は残業続きで真剣に取り組んでおられましたけれども、少数意見が拾えなければ、結果として形式的に終わっちゃうんですよね。多様な意見、少数意見をどう拾い上げ、地域づくりに反映させていくか、合意形成の仕組みの根本を変えていかないと、何も変わりません。いままでと同じやり方ではダメだと思い知らされました。

だからこそ、時代とともに協議のあり方が変わっていくことを期待しています。これからは地域社会でも集落のしがらみが希薄になっていくでしょうから、若い世代が忖度なく意見を言いやすくなるのが一つ。もう一つは、行政が少数意見の出るような協議の方法を組み立てていくこと。その二つに、希望をつなぎたい。

日本語は現実との関係がゆるい言語

養老　自分の考えをはっきり言って、ほかの人と意見を戦わせる。その結果を現実に反映させる。それがなぜ日本人にはできないかを考え始めると、日本語にそのための機能がないことに行き着きます。言葉と現実の関係が、日本語は非常に緩いんです。

そのことは、戦争中によくわかりました。「一億玉砕」とか「本土決戦」とか、耳にたこができるくらい聞かされて、でも現実には、天皇陛下の一言で全部が終わってしまいました。じゃあ、戦時中にみんながこぞって言ってきた、あるいは僕ら子どもたちがさんざん聞かされてきた言葉は何だったんだ？　っていう。終わってみたら、「宙に浮いた言葉の山」だけが残っていました。

――他の言語は違いますか？

養老　だって、たとえば聖書は「はじめに言葉ありき」でしょ。「この世界は神の言葉から始まった」と言ってますから。さらに「万物は神とともにある言葉でできていて、言葉なしに成り立つものは一つもない」と。

ようするに、西洋人には「現実の代替物として言葉がある」という感覚がある。だから言葉を変えたら現実は変わらざるを得ないし、現実が変わったら言葉も変わらざるを得ない。現実と言葉の間にあるそういう抜き差しならない関係が、日本語は緩いと思うんです。

そもそも日本語は、よく言われるように、非論理的に思える言語です。典型的なのは、漢字に音読み・訓読みがあること。たとえば「重」という字は、訓読みだと「重（おも）い」「重（かさ）ねる」、音読みだと「重要」と書けば「じゅう」で、「重複」なら「ちょう」と読みます。さらに人名になると、徳川の九代将軍は「家重」で「しげ」、日本のジャンヌ・ダルクともナイチンゲールとも称された、同志社を創立した新島襄《じょう》の妻は「八重」で「え」と読ませます。これら漢字と読みの間には、明確な論理関係がありません。

一方で日本語は、何を感じているか、どんな思いを抱いているか、感覚的な印象を非常によく残した言葉です。その代表がいわゆる「オノマトペ」。「ぼーっ（とする）」「じーん（とする）」「しみじみ（する）」「どきどき（する）」……数え切れないくらいの表現があります。このように感覚・感情に寄った表現が豊かなのは、日本語のいいところと言えます。

欧米の言葉は感覚や感情の表現がそこまで細やかではないので、自分に都合の悪いことについては、真っ赤なウソをつくしかない。日本語は感覚に寄っているからウソがつけないけれど、都合が悪くなると、肝心なことに触れないでごまかす、というようなことが起こります。だから「語るに落ちる」。いろいろ言いつくろっていても、うっかり本当のことを言っちゃう。ウソがつけないというか、ついてもバレるんですね。

オーストラリアで交通事故を起こしてしまったことがあります。自分の子どもがケガをしたので人身事故になり、調書を書かなくてはなりませんでした。現地の警察に英語の書類を提出しなくてはならず、何が起こったかを英語で書こうと思ったら、自分で現場に行ってもう一度確認しないと書けないということに気づいた。実際に何が起こったかをごまかすことなく書かないと、英文にならないんですよ。

――まとめると、欧米の言葉は事実と言葉をつなぐ関節が硬いから、証明主義・証拠主義になる。逆に日本語は、話す人の気持ちと言葉をつなぐ関節が硬いから、情緒的になる……。

養老　ということです。だから永幡さんがさっき言ったみたいに、観察したデータをたくさんつくって、言葉を尽くして説明しても、受け止め方は解釈しだい。どう対応するかはうやむやにされ、明確な言葉がなかなか返ってこないんです。

永幡　なるほど、事実をあいまいにするんですね。解釈しだいでどうにでもなるから。

養老　そうです。憲法第九条の解釈なんて、その典型ですよね。条文を現実に合わせて解釈する。日本語という言葉には、現実を変える力がない、とも言えますね。

日本人はみんな、頭のなかに内閣法制局みたいなものを持っていて、自分のいいように解釈しているような気がします。

――ということは、日本語を使っている限り、事実を事実として正確に記述しなくてもいいということになってしまいますね。そうなると〝事実不在〟で、自分が得するようなあいまいな言い方に終始するような気がします。

養老　楽だもん、そのほうが。ただ正確な記述がなくていい、という話ではありません。どんな問題でも、事実を事実として理解することは大事ですから。私としては、日本はよくもまあ、こういう問題をあんまり深掘りせずに、近代国家として邁進《まいしん》してきたものだと不思議なくらい。そんなだから、いまになってあちこちがガタガタするんです。

永幡　その一つが、堤防などの復旧事業の問題なんですね。養老さんの読み解きにはただただ頷《うなず》くばかりですが、たしかに復旧事業にせよ、いまの政治の問題にせよ、誰も責任を取らない仕組みをつくって、すべてをあいまいなまま進めていくという部分は、根本的には同じだと思いました。

「民俗知」がない現代人が判断を行なう時代

永幡　南海トラフがいつ来るかはわかりませんが、私がいま危惧しているのは、里山のように、本当に豊かな自然環境のなかで、その土地をさまざまな形で最大限使って暮らしてきた人たちが、もう間もなくいなくなることです。

かつて食料生産や資源循環は、一つの集落単位で成り立っていました。そこでは基本的に自給自足で、持続可能な社会が形成されていました。燃料は薪《まき》が基本で、石油エネルギーも電気も最小限しか使わなかったわけです。しかし、いまではエネルギーだけを一方的に消費する生活が主流になってきています。

「藁は冬の間のウシの餌にする」「薪は三十年サイクルで林から伐り出す」といった、自給自足の生活を送るための経験の積み重ね、それを私は「民俗知」と呼んでいるのですが――、それが急速に失われています。

民俗知は「生きる力」そのものです。その知恵を現代人が引き継ぐことはできるのか。引き継ぐための「言語」はあるのか。それは私にもわからない点です。

――東日本大震災で得た知恵・教訓についても、南海トラフの折に向けて伝えていかないといけませんね。

永幡　私は、判断する仕組みが最大の問題だと考えています。復旧に関わる人たちは、みんなそれぞれ何らかの考えは持っているのです。でも組織での判断になれば個人の意見を集約する仕組みがありませんので、無難な方向で決めてしまう。

どうすれば、生活基盤である自然環境を残すために少数意見も拾いながら、合理的に判断していけるか。そこがポイントですね。

東北のときは復興構想会議はありましたが、全体の大枠を決めることができないまま、「個別のことは各省庁で決めましょう」と申し送られてしまったんです。縦割り行政よろしく、国交省は堤防づくり、林野庁は林づくり、農水省は田畑と漁場の整備、といった具合に別々に進めてしまいました。

原発事故への対応もそうですね。放射性物質がとりあえず中間貯蔵施設に運び込まれていますが、最終処分場はまだ決まっていません。決められないんですよね。

養老　先般対談した尾池和夫先生は、南鳥島《みなみとりしま》が一番いいって言ってました。世界で一番安定した太平洋プレート上にある島だそうです。専門家がそう言ってるんだから、意見を聞いたらいいのに。さっきも言ったように、「みんなで考える」ためのノウハウしかないんですよ。

永幡　東日本大震災は東北という、地方で起きた災害で、東京、大阪、名古屋、福岡などの都市機能は守られました。けれども南海トラフが起きたら、そうはいきません。社会全体が機能不全に陥る可能性が非常に高い。そのなかで生活基盤としての自然環境のことがどこまで考えられるのか、次元が違うくらい大きな問題になりそうです。

養老　正しい答えが要求されているわけではなく、どういう考え方で進めていくかを決めることが重要ですね。

南海トラフが起きるとされている二〇三八年の時点で、必要なエネルギーや食料がどのくらいかは計算できるはずです。人的資源もそう。生産年齢人口が何人で、どういう分野にどれだけの人を投入できるのかはわかります。国の機関はその程度の青写真を描いていなくてはいけません。

首都直下地震についても同じ。だって、霞が関の役人の家がまともに機能している可能性はゼロに近いんですから、国民のために行動するも何もあったものじゃない。「俺の明日の朝飯、どうしてくれるんだよ」って話になりますから。

本当に食料一つ取っても、大変ですよ。地震が起こったとき、天候不順で世界が不作だったらどうするの？　安いところから輸入すればいいと言っても、それができるとは限らないでしょ？　太平洋側の港が津波でやられたら、外国から食料を運んでこれる可能性はどのくらいなの？　誰かがわかってないといけませんよ。

永幡　やっぱり食料の自給率は上げておかないといけないですね。田んぼは三年つくらないと、ヨシの根が深く伸びてすぐには水田に戻せなくなりますから、その辺も考慮しないと。

養老　東京湾の沿岸に火力発電所がたくさん並んでいます。巨大な津波への備えは万全なのか。

永幡　東日本での震災時も、東北は三週間、ガソリンがほぼありませんでした。一時的ですけど、ガソリンの消費量を大きく減らすことはできていたんです。バスが増便されたり、乗り合わせで通勤したり、皆がそれぞれに工夫していましたが、計画停電もあわせて、ガソリンや重油の消費量をどの程度減らせたのか。その辺りのデータが記録されていれば、後々に参考になったでしょうね。

あと、海岸林を全部盛り土で埋めてしまうような復旧の方法が果たして良かったのか、という問いかけはやっておかないといけないと思いますね。行政では「すべてうまくいった」という記録しか残されていませんから、教訓が残りません。

養老 失敗を認めちゃいけないんですよ。それは官僚組織のクセみたいなものです。林野庁だけは木が残るから、植樹を失敗したら、言い訳がきかない。認めるしかないですね。

――砂浜の自然環境が堤防や海岸林などで失われたことについて、大学や研究機関が検証することを期待したいですね。

養老 まあ、期待できませんね。この国は口では「基礎研究は大切です」と言いながら、誰も本気でそう思っていませんよ、残念ながら。

日本人と欧米人は、基礎研究に対する考え方が根本的に違う

養老　私が現役の学生のころ、法学部の先生が「この国は実利と効用に尽きる」と言ったことを思い出します。利益が出て、使い道のあることしか、研究のテーマにしないということです。このときに「たしかにそうだな。基礎学問はないがしろにされているな」と感じました。

どうしてそうなるかと言うと、日本にとって、物質文明自体が〝借り物〟だからです。車にせよ、電化製品にせよ、何にせよ、私たちが日常使っている物に対して、欧米人には「自分たちが研究を重ねてきた科学の産物だ」という自覚がある。だから日本人と欧米人とでは、基礎研究に対する考え方の根本が大きく違うんです。

こう言っては何ですが、日本はよく〝借り物の兵器〟で〝本家〟と戦ったなと思います。そこは「どうして日本があんな戦争をしたのか」ということに関わってくるところ。そこら辺の心情は、もう若い人にはわからないでしょう?

――感情の部分はわからないですね。

養老　私より十歳くらい若いだけの、戦後すぐに生まれた世代の人だって、わからなくなってしまっています。だから戦争の原因を突き詰めていくと、どうしても「指導層がバカだった」みたいな結論にならざるを得ないんです。

一番大きいのは「貧乏」だと、私は思います。当時の日本から欧米を見ると、彼らは贅沢の限りを尽くしていました。「けしからん」となるわけです。もちろん私にもそのような思いがありました。

戦後、蛇口からお湯が出るようになったときは、「こんな贅沢は許せない」と憤慨《ふんがい》していました。大学の教授だって、若い助手がティッシュで鼻をかんでるのを見て、「もっと安い紙を使え。ティッシュで鼻かむなんて贅沢だ」と怒って。

世が世なら、ＳＤＧｓにつながるわけで、考え方としては間違ってなかった。日本人はそういう感覚を、高度経済成長によって失ったような気がしますね。人間が戦争みたいなバカなことをするときは、だいたい裏に感情があるものなんです。僕らは本気で贅沢は犯罪だと思ってました。

永幡　その「贅沢はけしからん」という思いは、持続可能な社会をつくるために必要な「我慢のライン」に通じると思いました。「贅沢を我慢して文明にブレーキをかける」こと、「利便性を我慢して、自然環境の破壊にブレーキをかける」ことは、本質的に同じではないかと。

たとえば神社一つ取っても、昔は「鎮守の森に手をつけてはいけない」という地域の決まりごとがあって、結果的に自然環境が守られてきたわけです。「神社があるから伐らなかった」ではなく、「木を伐ってはいけない場所」に、あとから神社ができたんです。これは、ヒメハルゼミという、本州では鎮守の森にしかいないセミを調べることでわかってきたことです。

いまは開発に当たっては、一応、お祓《はら》いをするなど、形式的に神事を行なってから工事に入りますが、そうしたブレーキがどんどんなくなって、何をやってもＯＫな時代になってしまっています。ひと昔前には地域住民の間である程度共有されていた「我慢のライン」がなくなっていくことに、不安を感じています。ずっと若い世代になると、経験ではなく合理性が先に出ますから、「自然って、何か役に立つの？」なんて言いだしそうですね。「我慢のライン」をしっかり伝えていくことが大切だと思っています。

養老　南海トラフを境に、自ずといろんなブレーキがかかるかもしれませんね。エネルギーが供給されない、日常的に水にも困る、食料が足りないとなれば、さすがに日本人も本気になるでしょう。自分の日常に関わってきて初めて、これは現実だと受け止め、思考スイッチがまじめに考えるほうに切り替わるのではないでしょうか。その意味では、南海トラフは日本人が本気で生き方を変えるための、最後の機会になると思う。

永幡　いまのが、今日の結論ですよね。二〇一〇年にCOP10（生物多様性条約第10回締約国会議）が名古屋市で開催されて、国が「世界各地の自然共生社会の実現に活かしていく取組」としてSATOYAMAイニシアティブをつくったり、「名古屋議定書」というルールを定めたりしたのですが、その半年後に東日本大震災が起こったら、「復旧事業ではアセスメント調査を省略する」と、真逆の方向に向かいました。私も、非常時になったら自然環境の問題も真剣に考えることができると思っていたのですが、結局、非常時でも、国家としては真剣に向き合えなかった。そのことに対する失望は大きかったです。個人は真剣に取り組んで激務をこなしても、組織として本質的な協議に踏み込めなかったという意味です。

本質と真剣に向き合えない国家といくら協議を重ねても、結局、仕事はしましたという言い訳がつくられて終わりです。今でもさまざまな提言を行なっていますが、やはり根本のところでは先が描けないんですよね。「予算がないんです」「この道路は造らなきやならないんです」といった弁解が、到達点になっていきます。
南海トラフ地震まで、協議の仕組みをどのように変えてゆけるか考え続けます。

PHP新書
PHP INTERFACE
https://www.php.co.jp/

養老孟司［ようろう・たけし］

1937年、鎌倉市生まれ。東京大学医学部卒業後、解剖学教室に入る。95年、東京大学医学部教授を退官し、同大学名誉教授に。89年、『からだの見方』（筑摩書房）でサントリー学芸賞を受賞。
著書に、『唯脳論』（青土社・ちくま学芸文庫）、『バカの壁』『超バカの壁』『「自分」の壁』『遺言。』『ヒトの壁』『人生の壁』（以上、新潮新書）、『日本のリアル』『文系の壁』『AIの壁』『子どもが心配』『老い方、死に方』（以上、PHP新書）など多数。

編集協力：千葉潤子

（写真：今井一詞）

日本が心配

（PHP新書 1421）

二〇二五年二月二十八日　第一版第一刷

著者――養老孟司
発行者――永田貴之
発行所――株式会社PHP研究所
東京本部 〒135-8137 江東区豊洲5-6-52
ビジネス・教養出版部 ☎03-3520-9615（編集）
普及部 ☎03-3520-9630（販売）
京都本部 〒601-8411 京都市南区西九条北ノ内町11
組版――二橋孝行
装幀者――芦澤泰偉＋明石すみれ
印刷所
製本所――TOPPANクロレ株式会社

ISBN978-4-569-85866-1

ＰＨＰ新書刊行にあたって

「繁栄を通じて平和と幸福を」（PEACE and HAPPINESS through PROSPERITY）の願いのもと、ＰＨＰ研究所が創設されて今年で五十周年を迎えます。その歩みは、日本人が先の戦争を乗り越え、並々ならぬ努力を続けて、今日の繁栄を築き上げてきた軌跡に重なります。

しかし、平和で豊かな生活を手にした現在、多くの日本人は、自分が何のために生きているのか、どのように生きていきたいのかを、見失いつつあるように思われます。そして、その間にも、日本国内や世界のみならず地球規模での大きな変化が日々生起し、解決すべき問題となって私たちのもとに押し寄せてきます。

このような時代に人生の確かな価値を見出し、生きる喜びに満ちあふれた社会を実現するために、いま何が求められているのでしょうか。それは、先達が培ってきた知恵を紡ぎ直すこと、その上で自分たち一人一人がおかれた現実と進むべき未来について丹念に考えていくこと以外にはありません。

その営みは、単なる知識に終わらない深い思索へ、そしてよく生きるための哲学への旅でもあります。弊所が創設五十周年を迎えましたのを機に、ＰＨＰ新書を創刊し、この新たな旅を読者と共に歩んでいきたいと思っています。多くの読者の共感と支援を心よりお願いいたします。

一九九六年十月

ＰＨＰ研究所